Karsten Brocke

Thermometer oder Thermostat

AN DER SPITZE IST IMMER NOCH PLATZ

RATSCHLÄGE & BEISPIELE

AUS DER PRAXIS FÜR DIE PRAXIS

BSTB-Akademie, Karsten Brocke, Berlin
Internet: www.karsten-brocke.de, www.bstb-akademie.de,
www.einwand-frei.de und e-mail: info@karsten-brocke.de
Zugelassen als Trainer und Berater – Deutschland
Bund Deutscher Verkaufsförderer und Trainer e. V. (BDVT)

1. Auflage, Mai 2007

BR Verlag
Conzestraße 32
59557 Lippstadt

Telefon: 02941/22935
Telefax: 02941/23797
E-Mail: office@raffler-verlag.de
Homepage: www.raffler-verlag.de

Umschlaggestaltung: Agentur Eric Raffler, Lippstadt, www.raffler-werbung.de
Foto: Jovan Nikolic - Fotolia
Gesamtherstellung: Fuldaer Verlagsagentur, Fulda
ISBN: 3-9810088-3-9

Danksagung

Dieses Buch konnte nur entstehen, weil viele, ja sehr viele Menschen einen Beitrag dazu geleistet haben.

Ich danke vor allem meiner Frau Kornelia. Sie hat es ertragen, mich nächtelang tippen zu hören und mir den Rücken von allerlei Tagesarbeit frei zu halten. Seit vielen Jahren bist Du **das** Rückrad meines Unternehmens, dafür danke ich Dir.

Ich habe wirklich viele Stärken, aber das Schreiben gehört wohl nicht dazu. Deshalb gilt mein zweiter Gedanke Dorothée Wischnewski. Sie hat aus meiner geschriebenen Rede ein lesbares Buch gestaltet und ein gnadenlos strenges Lektorat geführt. Dafür Dir, liebe Dorothée, herzlichen Dank.

Zu den Inhalten und Ideen, die in dieses Buch geflossen sind, haben Menschen beigetragen, die mich zum Teil mein Leben lang begleiteten. Vor allem widme ich dieses Buch meiner viel zu früh verstorbenen Mutter Ulla. Sie hat mir das Rüstzeug gegeben, mein Leben so zu gestalten, wie ich es nun tue. Mein Vater Kuno gab mir auf den Weg: „Theorie ohne Praxisbezug ist Unsinn“ oder meine Schwester Elke, die als kreativer Part meine Seele zu inspirieren vermochte, und nicht zu vergessen mein Bruder Uwe, der mir den Weg in meine Trainerlaufbahn ebnete und stets Vertrauen in mich setzte.

Es gab auch eine Reihe von „Lehrern“ in meinem Leben, die mir den Verkauf, die Vermarktung und Ideen in den Kopf setzten, denen ich heute von ganzem Herzen danke.

Einige von ihnen möchte ich aufzählen, denn sie haben das Recht, benannt zu werden. Ohne sie wäre das Buch niemals entstanden.

Von ganzem Herzen Dank

Ich danke vor allem:

Annette und Dr. Peter Adler, Marc von der Ahè, Ullrich Ahnert, Roland Angst, Dirk Bachmann, Ralf Bade, Karsten Balzer, Senta Barth, Michael Berfuß, Michael Bickel, Andreas Blücher, Frank Boholle, Oliver Bugglè, Steffen Bühring, Joachim Coldewei, Uwe Daßler, Andreas Ehrl, Victor Faldin, Birgit Fehst, Stefan Fester, Michael Fink, Friedbert Gay, Franc Hagel, Marco Hamester, Michael Harre, Dieter Hoffmann, Georg Holtus, Edgar Itt, Stephan von Kamp, Brita Karnahl, Dr. Frank Keller, Prof. Walter Kessel, Dietmar Kirsten, Hartmut Klötzing, Armin Krause, Gerhard Kulbarsch, Stefan M. Laebe, Kristjan Milan Lopac, Bernd Lose, Jens und Thomas Löser, Lamar Lowery, Michael Maier, Jens Marquardt, Carsten Maschmeyer, Konstatin Montasem, Ina Mühlpfordt, Peter Müller, Heiko Müller Nick, Peter Nitschke, Mario Ohoven, Michael C. Ohoven, Mirco Osdoba, Bernd und Eric Raffler, Rainer Rennebaum, Michael Rentmeister, Fernando Ribeiro, Boris Ringleben, Michael Ruffert, Stefanie Salata, Prof. Dr. Thomas Schildhauer, Klaus Schienofen, Andreas Skoraszewski, Hans D. Schittly, Peter Schmitt, Jürgen Schömen, Christian Schoof, Udo Schulze, Marzena Schwarz-Szymura, Dirk Smula, Jens Steinhagen, Jörg Straubinger, Carlo Thränhardt, Achim Türke, Peter Weise, Oliver Weißer, Willi Wende, Götz Wenker, Ralf Wenzel, Holger Will, Martin Zühlke.

Inhaltsverzeichnis

Ein Wort davor

Ein Wort davor

Am Karfreitag im April 1963 wurde Martin Luther King ins Gefängnis geworfen. Er schrieb einen Brief mit folgendem Inhalt: Es gab einmal eine Zeit, in der die Kirche sehr mächtig war. Das war damals, als die Christen sich noch freuten, wertgeschätzt zu werden, wenn sie für ihren Glauben litten. In jenen Tagen war die Kirche nicht nur ein Thermometer, das die Ideen und Grundsätze der öffentlichen Meinung anzeigte; sie war das Thermostat, das die Sitten und Werte der Gesellschaft regelte. In jeder Stadt, in der die frühen Christen kamen, schienen die Machtverhältnisse aus den Fugen zu geraten, und die Machthaber versuchten sofort, sie als Friedensstörer und fremde Agitatoren zu überführen. Aber sie blieben bei ihrer Überzeugung, eine "Siedlung des Himmels" zu sein und Gott mehr gehorchen zu müssen als den Menschen.

Martin Luther King Jr. (1929-1968), amerikanischer Bürgerrechtler und Baptistenprediger

Ich entnehme diesen Zeilen, dass jeder Mensch entscheiden kann, ob er Thermometer oder Thermostat ist, ob er geführt wird oder selbst lenkt. Sie finden, der Vergleich fällt ein wenig gewaltig aus? Es ist Ihr Leben und Ihr Beruf nimmt einen großen Teil Ihres Lebens ein.

Jeder Mensch der modernen Welt kann entscheiden, was er aus seinem Leben macht, was er glaubt und unternimmt, um aus seinem Leben ein erfülltes Leben zu machen, oder ob er sich von anderen Menschen steuern lässt. Lassen Sie sich darauf ein!
Mein Freund Edgar Itt brachte mich am 05. März 2007 auf die Idee, mein neues Buch so zu benennen. Ein tolles Telefonat und inspirierende Gedanken an einem späten Abend, und da hatte ich endlich den Titel für das Buch, nachdem ich so lange gesucht hatte.
Danke Dir Edgar!

Es sind nun fast sechs Jahre vergangen, seitdem ich mein erstes Buch „Stärken stärken, Schwächen schwächen“ veröffentlicht habe und dann 2004 das Glück besaß, das Buch „84 Erfolgstipps von Trainern und Beratern“ mitgestalten zu dürfen. Was war in der Zwischenzeit passiert? Es war Juli 2006, als sich der „Raffler Verlag“, in der Person meines Freundes Bernd Raffler, am Telefon mit der kurzen und klaren Mitteilung meldete: „Hallo Karsten, Dein Buch ist vergriffen.“
Erst Freude, dann Ernüchterung! Erst „super“ und dann „oh je“ waren die Worte, die mein Gegenüber am Ende der anderen Leitung zu hören bekam.
Und dann dachte ich erst einmal nach.
Meine erste Idee war, das Buch neu aufzulegen – wenn es doch so gut läuft? Und dann kam es wie es kommen musste:
Sie halten keine Neuauflage des alten Buches in Ihren Händen! Das, was Sie vor sich haben, ist eine komplett überarbeitete Fassung. Zunächst wollte ich alles kürzen, um dann doch festzustellen: Ich habe viel zu viele gute Inhalte im Kopf, die ich Ihnen einfach nicht vorenthalten

möchte! Als gnadenloser Lektor – so manche Nacht habe ich am Schreibtisch zugebracht – schrieb ich ganze Kapitel neu, überarbeitete und ergänzte einiges und arbeitete Kernaussagen deutlicher heraus.

In den letzten Jahren hat sich vieles in der Technik und Methodik der modernen Vermarktung verändert: Manches ist in unserer Welt noch komplexer geworden und einiges um so deutlicher. Heute bestimmen unzählige komplizierte Faktoren, Strategien und aktuelles Wissen, ob man sich am Markt behauptet.

Ich denke, gerade deshalb ist der Megatrend zur Vereinfachung (simplify!) sehr gut nachzuvollziehen. Auch ich werde in diesem Buch alles Mögliche unternehmen, damit Sie das **Wesentliche** erkennen, **Praxisnähe** nie vermissen und **Anregungen** bekommen, die Sie erfolgreicher machen.

Es geht darum, Klarheit zu schaffen, Einfachheit zu leben, Konsequenz in der eigenen Denkweise zu pflegen und Ihnen die Möglichkeiten aufzuzeigen, dass Sie Ihr Bewusstsein so ausrichten, dass positive Gedanken und positive Kommunikation Ihr Leben bestimmen werden. Wenn Sie sich ernsthaft darauf einlassen, ist Ihnen der Erfolg sicher!

Ich lade mit diesem Buch **nicht** nur Verkäufer und Berater zum Lesen ein, sondern all die Menschen, die bereit sind, neue Wege zu gehen, und die in ihrem Leben weiterkommen wollen, ob im privaten oder im geschäftlichen Bereich.

Schon jetzt verspreche ich Ihnen, dass das Buch Ihr Denken positiv verändern wird!
Angesichts unserer Kultur der ewigen Miesmacher in Deutschland – wir bekommen sie einfach nicht los – macht dieses Buch gerade für den Verkauf Sinn: Viele Verkäufer stellen sich nur schwer auf die veränderten Marktbedingungen ein. Sie bewegen sich in einer Welt, in der es „in" ist, **mehr zu wissen, was man nicht will, als das zu wissen, was man will**.
Mit diesem Buch können Sie Ihren eigenen Paradigmenwechsel erleben. Denn wer es liest, will aus seinem Leben mehr machen. Er will selbstverantwortlich und erfolgreich handeln, ein Thermostat sein – was auch immer ein jeder darunter verstehen mag. Dafür vorab schon ein ermunterndes Kompliment an Sie!
Erfolg ist ein vielschichtiger Begriff und für jeden Menschen ist das Wort „Erfolg" unterschiedlich besetzt. Genauso soll es sich damit auch verhalten.

Ich bin der Auffassung, dass Erfolg vor allem heißt, „das Richtige" für sich, für das Unternehmen, in dem man arbeitet, und für seine eigene Laufbahn und somit sein eigenes Leben zu tun und dies kontinuierlich. Leonardo da Vinci sagte einmal: "Jedes Hindernis lässt sich durch Beharrlichkeit überwinden" und fasste hiermit einen Gedanken in Worte, der bis heute Gültigkeit besitzt: **Erfolg ist die notwendige Konsequenz der Beharrlichkeit.**

In den letzten zehn Jahren, in denen ich als Trainer und Berater durch Deutschland reiste, konnte ich unzählige Gespräche mit den unterschiedlichsten Menschen führen und von ihnen lernen. Dies hat auch mein Schreiben beeinflusst.

So wurde dieses Buch ein Kompendium an Erfahrungen und Know-how vieler erfolgreicher Menschen, deren Eigenschaften, deren Können, deren Einsichten und deren positive Ausstrahlung und Lebensweise sich in ihrer virtuosen, positiven Kommunikation einzigartig abbilden.

Viele von ihnen werde ich namentlich benennen, da ihnen mein ganz persönlicher Dank gilt!

Besonders ans Herz lege ich Ihnen die Co-Autoren Edgar Itt und Dr. Frank Keller. Diese beiden sehr guten Menschen und meine persönlichen Freunde sind außerordentliche Persönlichkeiten und bereichern dieses Buch in ganz besonderer Weise.

Mit ihren klaren und handfesten Inhalten, die meistens aus ihrem eigenen Leben bzw. aus ihrer Coach- und Trainerpraxis stammen, werden Sie begeistern. Einfach nur brillant!

Wenn Sie sich mit den Inhalten beschäftigen, kann es sein, dass Sie vielleicht Fragen oder Anregungen haben.

Super – her damit!

Unter der E-Mail-Adresse: info@karsten-brocke.de haben Sie die Möglichkeit, sich zu äußern und bereichern so mit Ihrem Blickwinkel auch unsere Sichtweisen.

Viel Freude beim Lesen.

Ihr Karsten Brocke

Über die Autoren

Karsten Brocke hat das Verkaufen von der Pike auf gelernt. Seine Erfahrungen aus fast zwanzig Jahren Verkauf, Beratung und Training sind in dieses Buch eingeflossen. Heute arbeitet er als autorisierter und lizenzierter Persönlichkeits- und Verkaufs-trainer für die Top Ten-Unternehmen der deutschen Wirtschaft.

Er ist Autor des Buches „Stärken stärken, Schwächen schwächen" und Mitautor des Buches „84 Erfolgstipps von Trainern und Beratern".

info@karsten-brocke.de

Edgar Itt war einer der erfolgreichsten deutschen Hürdenläufer und Viertelmeiler. Er ist Medaillengewinner bei den Olympischen Spielen sowie bei Welt- und Europameisterschaften. Er ist heute einer der meistgebuchten Vortragsredner zum Thema „Inspiration und Persönlichkeitsfindung". Sein Credo heißt: Mit Erfolgsglaube, Disziplin und Leidenschaft können Sie alle Hürden meistern!

Es ist eine große Ehre für mich, dass mein Freund Edgar Itt in diesem Buch einen Beitrag aus seinem Vortrag „Über Hürden zum Erfolg" veröffentlicht.

e.itt@edgar-itt.de

Dr. Frank Keller ist Geschäftsführer der Gesellschaft für Managemententwicklung und Weiterbildung mbH, Unternehmensberater & Trainer. Als Sozialpsychologe und promo-vierter Ökonom zeichnet er sich im besonderen Maße durch klare, durchdachte und wirklich nachhaltige Trainingskonzepte aus. Sein Kapitel in diesem Buch ist „Train to Win“. Er hat mit dieser aktuellen Trainingsmethode in diesem Jahr den silbernen „Internationalen deutschen Trainerpreis des BDVT“ gewonnen.

Es ist ein großes Geschenk für mich, dass ich meinen langjährigen Partner Dr. Frank Keller ebenfalls für einen Beitrag gewinnen durfte, so dass auch Sie von seinem Know-how profitieren.

frank.keller@gmw-wildau.de

Verkaufen heißt handeln

Verkaufen heißt handeln

Wenn ich etwas verkaufen will, ob nun mich, eine Idee, eine Strategie oder ein Produkt, dann ist die Voraussetzung dafür, dass das Ganze auch gelingt. Wichtig ist zu wissen, was verkaufen eigentlich ist.
In manchen meiner Seminare stelle ich gern am Anfang genau diese Frage an die Teilnehmer:

Was ist verkaufen aus Ihrer Sicht?

Es kommen die unterschiedlichsten Antworten:

- *Verkaufen ist, ein Gefühl.*
- *Verkaufen ist, den Kunden zu kennen.*
- *Verkaufen ist, Bedürfnisse zu wecken.*
- *Verkaufen ist, ein Bedürfnis zu befriedigen.*
- *Verkaufen ist, eine Beziehung herzustellen.*
- *Verkaufen ist, Fragen zu stellen.*
- *Verkaufen hat mit Einstellung zu tun.*
- *Verkaufen ist, Verkaufen.*
- *Verkaufen heißt, Umsatz machen.*
- *Verkaufen ist, Verhandeln.*
- *Verkaufen bedeutet, andere Menschen zu überzeugen.*
- *Verkaufen ist, Ängste zu überwinden.*
- ...

Es ist für mich immer wieder erstaunlich, dass ich meist so viele verschiedene Antworten bekomme, wie Teilnehmer im Seminarraum sind. Das bedeutet in der letzten Konsequenz: Kein Teilnehmer kennt die Antwort wirklich.

Beim Verkaufen geht es nicht um ausgeflippte Methoden und „geniale" Varianten von Verkaufstricks, denen zu allen Zeiten schon eine listige, manchmal auch betrügerische Absicht nachgesagt wurde und wird. Es geht vielmehr um die wesentlichen Grundlagen, die Spielregeln der Beziehungsarbeit des Verkäufers oder Beraters mit dem Käufer oder Mandanten. Somit geht es also um **Ihre** ganz persönliche Art des Verkaufens – und die ist erlernbar!

Verkaufserfolge sind niemals zufällig, alles was leicht aussieht, ist hart erarbeitete Methodenkompetenz.

Deshalb mein Credo:
Es werden Kinder geboren, keine Verkäufer!

Was ist jetzt nun Verkaufen?
Halten Sie sich an die allgemeine Definition:
Der Verkauf ist der Austausch von Rechten, Sachen oder einer Gesamtheit von Rechten und Sachen gegen Geld. Wenn es einen Käufer gibt, gibt es zwangsläufig auch einen Verkäufer. Beide müssen sich über den Kaufgegenstand und Kaufpreis einigen.

Natürlich ist verkaufen mehr, als die Definition auf den ersten Blick erkennen lässt.

Keine Sorge, so kompliziert ist es gar nicht. Verkaufen ist meiner Meinung nach sogar eine ganz einfache Sache.
Sie sollten nur folgende Definition ergänzend beachten:

Modern zu verkaufen heißt, eine Veränderung im Konsumverhalten des Kunden zu erwirken bzw. zu ermöglichen.

Verkaufen bedeutet, den anderen zu etwas zu bewegen, ihn zu **aktivieren!**

Was meine ich damit?
Ich stelle Ihnen eine Frage, einverstanden?
Nehmen wir an, ich ärgere Sie. Wer ärgert sich dann? Ihre Antwort wird sehr wahrscheinlich sein: *„Ich ärgere mich dann natürlich!“*
O.K.. Wenn ich Sie ärgere, dann ärgern Sie sich.
Klar, ist doch immer so. Die Frage lautet demnach: *„Kann ich Sie ärgern?“* Und die Antwort lautet: *„NEIN“,* denn Sie haben ja gesagt ***„Ich** ärgere mich dann“.*

Merken Sie – ich kann Sie gar nicht ärgern, **Sie ärgern sich selbst!**

Sie stehen im Stau und ärgern sich, oder Sie stehen im Stau und ärgern sich nicht. Was sich nicht geändert hat, ist klar: Sie stehen im Stau. Es ist Ihre Entscheidung, ob Sie sich ärgern oder eben nicht.

Und so verhält es sich auch mit dem Verkaufen.

Ich kann Ihnen nichts verkaufen, Sie müssen kaufen wollen!

Denn auch hier entscheiden Sie! Die Aufgabe eines professionellen Verkäufers ist es, den Kunden zu **aktivieren**, so dass der Kunde sagt: *„Ich will es haben und besitzen. Ich stimme dem zu. Ich brauche es. ...“* Der Kunde hat das Gefühl zu entscheiden, und ich denke, es ist gut, dass er es tut!

Wie und was entschieden wird, liegt demnach zuerst in Ihrer Verkäuferhand! Dazu später mehr.

Ein guter Verkäufer weiß, dass Menschen nur Sachen erwerben, wenn Sie sie selber wollen. Kein Mensch kauft etwas, was er nicht will. (Ausnahmen bestätigen die Regel!)
Also ist der Job eines Verkäufers, dafür zu sorgen, dass der Kunde kaufen will, und dann hat er es einfach und kann den gemeinsamen Erfolg für den Kunden und somit für sich selbst erst ermöglichen.

Zum Verkaufen gehören Fragen, auf die Antworten zu geben sind, zum Beispiel:

- **Welche Käufergruppe will ich ansprechen?**
- **Habe ich das passende Produkt für den Kunden?**
- **Ist meine Strategie vorteilhaft für den Kunden?**
- **Habe ich mich über deren Bedürfnisse gründlich informiert?**
- **Welche Trends sind gerade aktuell?**
- **Bin ich mit meiner Produktlinie aktuell?**
- **Nutze ich alle mir zur Verfügung stehenden Verkaufshilfen?**
- **Bin ich auf dem aktuellen Wissensstand in meiner Produktlinie?**
- **Sind meine Zugangswege zum Kunden professionell organisiert?**
- **Weiß mein Kunde, was er von einer Zusammenarbeit mit mir hat?**
- **Welche Kaufmotive sind bei meinen potenziellen Kunden zu erkennen?**
- ...

Wenn Sie heute in einer Zeit der Globalisierung von Wirtschaft und Märkten, Produkte oder Dienstleistungen verkaufen wollen, so geht das nur mit einer akribisch vorbereiteten Kundenberatung in Form einer Analyse der Möglichkeiten zum Nutzen des Kunden und qualitativ auf hohem Niveau stattfindenden Verkaufsgesprächen.

Diese Anforderung könnte Ihnen erst einmal sehr anspruchsvoll erscheinen, sie ist es aber nicht: Gehen Sie einfach davon aus, dass Ihr persönliches Engagement in der Phase der Vorbereitung der Kundenberatung seinen positiven Widerhall im Verkaufsergebnis findet.

Heute verkaufen wir nicht über Druck,
sondern über Sog.

Sog erzeugen Sie nur, wenn Sie Neu-Gier erzeugen. Und Neugier erzeugen Sie nur durch kluges und geschicktes Fragen.
Deshalb widme ich in diesem Buch den Fragetechniken ein eigenes Kapitel.

Zusammenfassung:

Die vier wesentlichen Grundregeln des Verkaufs sind aus meiner Sicht:

- **Fragen stellen und zuhören!**
- **Bevor ich etwas sagen will, muss ich wissen, was ich hören will.**
- **Sie sollen den Kunden nicht ausbilden, sondern verkaufen.**
- **Einfach, einfach, einfach.**

Halten Sie sich an diese vier Eckpunkte und vieles geht Ihnen leichter von der Hand.

Denke gut, denke groß

Denke gut, denke groß

Viele Menschen, die ich in meinen Vorträgen kennen gelernt habe, denken entweder in der „Fernglasvariante“, also was kann alles in der Zukunft geschehen, oder in der „Lupenvariante“, in der Vergangenheit. Indem sie alles genau prüfen und jede Kleinigkeit suchen und auch noch die kleinsten Hindernisse betrachten, als wären sie groß, boykottieren sie sich selbst.

Beide Varianten führen aus meiner Sicht oft zu Blockierungen im Denken, in der Gegenwart, im Jetzt.

Ich finde auf jeden Fall, dass ein Weitblick sinnvoll sein kann und eine Betrachtung näherer Umstände auch sinnlos sein kann. Doch ich meine, dass Menschen, die so denken, oft vergessen, wann eine Entscheidung gefällt werden muss und deshalb das „Denken“ in der Gegenwart, also im Jetzt, oftmals gleich mitvergessen.

Wer sich heute in großen Buchhandlungen nach Veröffentlichungen zum Thema „positives Denken“ umsieht, wird staunen, wie viele Bücher es hierzu gibt. Nicht selten wird aus zweiter Hand, aus Quellen von Erfolgs- oder Verkaufstrainern zitiert, die nicht wirklich erfolgreich sind oder es jemals waren. Rar sind dagegen Abhandlungen über jene Menschen, die versuchten, die Anfänge des Entstehens positiven Denkens zu systematisieren.

Zu ihnen gehört der französische Apotheker Emile Coupé (1857-1926). Er hielt es bei einigen Krankheiten für sinnvoll, morgens und abends, nach und vor der Bettruhe seine Patienten zwanzig Mal den Satz wiederholen zu lassen:

„Es geht mir jeden Tag in jeder Hinsicht immer besser und besser.“

Diese Selbstbekräftigung helfe, so fand Coupé heraus, negative Gedanken und Gefühle zu verdrängen und die Heilkräfte von Körper und Geist in Gang zu setzen.
Unwillkürlich werde ich dabei an Kindheitstage erinnert, wenn Bauchschmerzen mich quälten. Mein Vater empfahl mir dann, mich hinzulegen, die Augen zu schließen und mit der rechten Hand, langsam und ohne Druck, mindestens fünf Minuten lang in Uhrzeigerrichtung weiche, kreisende Bewegungen auf meinem Bauch auszuführen, quasi über die Berührung der warmen Handfläche mit der Bauchdecke innere Zwiesprache mit meinem Bauch zu halten, ihn zu beruhigen. Und tatsächlich spürte ich nach kurzer Zeit Linderung.
Vater wusste, als ich später nachfragte, nichts über den Apotheker Coupé.
Was Emile Coupé entwickelte, war eine Methode der Autosuggestion, eine „Selbstbeeinflussung mittels befehlsartiger Wörter oder Gedanken zur Regulierung körperlicher und psychischer Abläufe". (Meyers Neues Lexikon)

Was ist demnach positives Denken? Es geht darum, sich selbst geistig auf etwas Erwünschtes gewissermaßen zu programmieren, das eigene Verhalten zielsicherer und systematischer zu steuern.

Unbewusst tun wir das alle, nur hier geht es darum, sich das Erwünschte bewusst zu machen, die eigenen Sichtweisen und Gefühle zu beeinflussen. Indem man sich das Erwünschte bewusstmacht, kann man Gedanken steuern und daraus lernen, auch aus einer vermeintlichen Niederlage einen Gewinn zu erzielen.

So geschah es am 11. Oktober 2006. Ich hatte Seminarpause in Hannover. Mein Freund und Trainerkollege Jens Löser hatte meiner Frau am gleichen Tag eine E-Mail nach Berlin gesandt. Kernaussage in dieser E-Mail war: „Wir suchen kurzfristig einen Profi aus der Branche, der mit Emotionen und Begeisterung Vertriebe aufgebaut hat, Verkäufer coachen kann und praktische Verkaufserfahrungen vorlebt“.

Ich bat meine Frau, mir den Text per Fax sofort nach Hannover zu schicken, da ich nach dem Motto lebe **„Kunden akquiriert man, wenn man Kunden hat“.**

Als das Fax bei mir ankam rief ich – sofort in besagter Seminarpause – in Düsseldorf an und sprach mit einem Herrn Georg Holtus.

Es stellte sich im Gespräch heraus, dass das Unternehmen DeuKap Holding AG aktuell einen Vertriebsleiter suchte und keinen Trainer. Schade, dachte ich und wechselte mit Herrn Georg Holtus noch ein paar nette Worte.

Ich werde es nie vergessen, denn irgendwann sagte ich zu ihm den alten Vertriebstrainerspruch: ***„Wer glaubt, dass ein Vertriebsleiter den Vertrieb leitet, der glaubt auch, dass ein Zitronenfalter Zitronen faltet“.***

Wir lachten gemeinsam und fanden uns sehr sympathisch.

Dann sagte Herr Georg Holtus, ich möge ihm mal meine Kontaktdaten zusenden, eventuell kämen wir ja doch mal zusammen.
Noch am selben Abend sendete ich ihm aus dem Hotel meine Kontaktdaten, versehen mit einem netten Gruß. Ich dachte voller Optimismus, vielleicht wird ja doch noch was daraus.

Am nächsten Tag bekam ich einen Anruf von Herrn Holtus. Er fragte mich, ob ich am 16. Oktober 2006 am Abend in Berlin sein werde. Ich bejahte dies, da mein Seminar bei der T-Com um 17:00 Uhr zu Ende sein würde. Er machte mir den Vorschlag, mich mit Herrn Mario Ohoven in Berlin um **20:07** Uhr zu treffen. Ich sagte sofort zu.
So begab es sich, dass ich um 20:07 Uhr im Ritz Carlton in Berlin in der Lobby saß und auf Herrn Mario Ohoven wartete. Wirklich, Punkt 20:07 Uhr erschien Herr Mario Ohoven, und wir unterhielten uns angeregt etwa eine halbe Stunde.
Herr Mario Ohoven hatte das Gespräch für seinen Sohn Michael Ohoven gesucht, der Vorstand der DeuKap Holding AG ist.
Er wollte mich einfach nur vorab kennen lernen, bevor er seinem Sohn die Empfehlung geben konnte, sich mit mir zu treffen. Am 15. November 2006 führten wir das erste gemeinsame Seminar durch. Mittlerweile sind wir ein tolles Team.

Weshalb erzähle ich diese Geschichte? Ich hätte negativ denken und es „abhaken" können, weil das Unternehmen keinen Trainer suchte. Aber nein, ich dachte, da wird doch bestimmt irgendetwas daraus und dachte somit positiv.

Und was war die Zauberformel: Genau das, was ich dachte, das trat ein! Ich will damit nicht behaupten, dass dies immer so ist, aber die Wahrscheinlichkeit erhöht sich drastisch.
Positives Denken bringt einen Menschen eben weiter als negatives Denken und negative Kommunikation.

Machen Sie es genauso! Nutzen Sie Ihr positives, großes Potential, dann werden sich Erfolge mit einer wesentlich größeren Wahrscheinlichkeit einstellen.

Leider programmieren sich viele Menschen geistig und unbewusst nicht immer zum Positiven.
Sie reden sich ein, etwas Bestimmtes nicht zu können oder sprechen sich selbst die Aussicht auf ihren Erfolg ab, was sich dann schon floskelhaft wie folgt anhört:

„Das kann ich nie und nimmer..."
„Ich werde das sowieso nicht schaffen..."
„Zu so was bin ich einfach zu langsam..."
„Diese Karrierestufe erreiche ich nie..."
„Ja, wenn ich besser wäre, dann…“
„Ich kann das eben nicht…“
„Tja, wenn ich mehr wüsste, dann ….“
„Hm, wenn die Umstände das zulassen würden, aber dann…“
„Okay, wenn der Markt offener ist, dann…“
„Mit einem anderen Kunden-Umfeld, wäre alles einfacher…“

So programmieren sich diese Menschen schon ganz allein auf „negativ“. Sie sehen, dass sie keinen Erfolg haben werden und haben ihn dann auch nicht.

Dann sagen sie sich: *„Siehste, hab’s ja gleich gewusst, dass es nicht klappt.“*, und bestätigen sich nochmals in ihrer eigenen, negativen Aussage. Irgendwann glauben sie dann ihren selbst prophezeiten Unsinn.

Sie denken nun, keine der folgenden Situationen meistern zu können und somit wird das Negative zu ihrer inneren Wahrheit. **Selbsterfüllende Prophezeiung klappt eben auch im Negativen**.

Es gibt aber auch Tage, an denen sich diese Pessimisten doch geistig motivieren, eben dann, wenn sie etwas Konkretes erreichen wollen und ein konkretes Ziel – sehr oft ein privates – vor Augen haben. Dann sagen sich diese Menschen: „Ich kann das. Das schaffe ich!“ Eine beliebte Methodik kommt hinzu: Sie entwickeln in ihrer Vorstellung die denkbar schlimmste Situation, die sich in der Realität schließlich weit weniger bedrohlich manifestiert. Erst über diesen Weg erlangen sie dann oftmals die notwendige Power und ein starkes Selbstbewusstsein. All dies sind Formen der Autosuggestion.

Sich selbst zu beeinflussen und die Selbstbekräftigung zu nutzen, um z.B. im Beruf erfolgreicher zu werden, um mehr Ruhe und Gelassenheit zu erlangen, um einfach optimistischer in den neuen Tag zu gehen – alles ist mit Autosuggestion vorstellbar und möglich.

Herr Michael Ruffert hat mir im Jahre 2005, als er bei der T-Punkt Vertriebsgesellschaft Leiter der Kundenniederlassung Nord-Ost war, eine Geschichte erzählt, wie sich ein Mitarbeiter in seinem Unternehmen immer am Morgen, wenn er zur Arbeit fuhr, selbst positiv programmierte. Die Geschichte scheint unglaublich, aber sie ist wirklich wahr.

Herr Michael Ruffert erzählte: Jeden Morgen fahre ein Kollege von ihm mit dem Navigationssystem zur Arbeit, obwohl er genau wisse, wo seine Arbeitsstätte sei. Ich fragte verdutzt wieso? Er antwortete: Weil der Mitarbeiter so jeden Tag wenigstens einmal die Meldung höre: ***„Sie haben Ihr Ziel erreicht“***. Dann lacht der Mitarbeiter im Auto, ist gut drauf und geht seines beruflichen Weges.

Wir haben herzhaft gelacht, und ich war erstaunt darüber, auf was die Menschen so kommen, um sich positiv zu konditionieren. Diese Geschichte habe ich schon oft in Vorträgen erzählt und dabei immer ein Lachen geerntet und die Teilnehmer damit in eine positive Stimmung versetzt.

Wenn ich nun von meinem Navigationssystem diesen Satz höre, muss ich jedesmal lächeln, denn diese Geschichte werde ich niemals vergessen.

Es ist ja wirklich etwas dran. Das Navigationssystem weiß, wie es geht. Ohne ein Ziel einzugeben, fahren wir wahrscheinlich sinnlos herum, verbrennen Benzin und kommen nirgends an.

Positives Denken kann, wie Sie sehen, in den verschiedensten Lebensbereichen angewendet werden: In der Wissenschaft, in der Politik, in der Kultur, im Sport, für die Entwicklung der eigenen Persönlichkeit oder im Bereich des Verkaufens.

Beeinflusst wird diese Wahrnehmung und das Denken im Wesentlichen durch die Stresshormone und die Glückshormone. Stresshormone, die z.B. in Angst- oder Konfliktsituationen freigesetzt werden, trüben den Blick und lassen einen die Welt sehr negativ sehen. Die innere Einstellung erzeugt durch diese Hormonausschüttung ein negatives Abbild der Wirklichkeit: Sie wird negativ. Ein Grund mehr, vor dem Verkaufsgespräch eine angenehme, entspannte Atmosphäre zu schaffen, bevor Verkäufer und Käufer sich in eine Verhandlung begeben. Glückshormone bewirken das Gegenteil. Sie erhellen den Blick, lassen Sie die Welt optimistisch sehen, die innere Einstellung schafft ein positives Abbild der Wirklichkeit: **Sie wird positiv.**

Der Verkäufer oder derjenige, der als Führungskraft Menschen zu etwas bewegen darf, muss daraus den Schluss ziehen, den eigenen Zustand zu prüfen, um vor dem Verkaufsgespräch „gut drauf" zu sein. Keinesfalls darf sich ein Profiverkäufer oder eine Führungskraft seinen Gefühlen unterwerfen, er darf sich nicht „gehen lassen", denn inzwischen sollte erkannt worden sein, dass wir unsere Gefühlswelt aktiv beeinflussen können, oder?

Was denkt ein positiver Mensch, der sich von den Problemen des Lebens nicht entmutigen und von seinen Zielen nicht abbringen lässt?
Die amerikanische Soziologin Gail Sheehy hat in fünf Jahren 60.000 AmerikanerInnen mittels Fragebogen und eine kleinere Anzahl persönlich dazu befragt.

Sie fand zehn Kennzeichen, wie positiv denkende Menschen aus einer positiven Einstellung heraus eigenes Wohlbefinden entwickelt haben, die sie folgendermaßen formulierte:

1. Mein Leben hat einen Sinn und eine Richtung.
2. Ich habe in meinen Erwachsenenjahren eine oder mehrere einschneidende Veränderungen durchgemacht, und ich bin mit diesen Veränderungen auf ungewöhnliche, persönliche und kreative Weise umgegangen.
3. Ich fühle mich selten vom Leben betrogen oder enttäuscht.
4. Ich habe bereits mehrere der langfristigen Ziele erreicht, die wichtig für mich sind.
5. Ich bin mit meiner persönlichen Entwicklung zufrieden.
6. Ich liebe jemanden; mein/e PartnerIn und ich lieben einander.
7. Ich habe viele Freunde.
8. Ich bin ein spontaner Mensch.
9. Ich habe ein dickes Fell und bin nicht empfindlich gegenüber Kritik.
10. Ich habe keine großen Ängste und sehe Schwierigkeiten mutig ins Auge.

(Quelle: Sheehy, Gail: Neue Wege wagen - Ungewöhnliche Lösungen für gewöhnliche Krisen, Kindler-Verlag, München 1988)

Jüngste Ergebnisse von US-Wissenschaftlern der Psycho-Neuroimmunologie (Wissenschaft von den Auswirkungen des seelischen Zustands auf unsere Gedanken und damit auf das Immunsystem) belegen, dass Hoffnung, Erfolg, Mut, Liebe und Freundschaft positiv auf unser Immunsystem wirken und so Gesundheit und Wohlbefinden stärken. Gefühle wie Angst, Ärger, Depressionen und Misserfolge hingegen können negative Auswirkungen haben. Wir wissen, dass unzählige Hormone für unser Gefühlsleben verantwortlich sind. Wir richten uns nicht mehr ausschließlich nach unserem „Bauchgefühl", da wir erkannt haben, dass allein das menschliche Gehirn verantwortlich ist für unser Verhalten, Denken und Fühlen.

Negatives und Problematisches gehört genauso zum Leben, wie Positives und Erfolg, sagte mir mein guter und sehr erfolgreicher Geschäftspartner Kristian Milan Lopac. Hinter jedem Problem steht eine Botschaft, hinter jedem Verlust ein Neubeginn und hinter jeder Niederlage steht ein neuer Anfang.
Fällt eine Tür zu, öffnet sich ein Fenster.

Sollten Sie noch nicht damit begonnen haben, tun Sie es jetzt. Denken Sie positiv, seien Sie gelassen und motivieren Sie sich selbst. Viele Situationen werden so einen Teil Ihrer Bedrohlichkeit schlagartig verlieren.

Ich bin schon gut, oder?

Ich bin schon gut, oder?

Die Antwort darauf kann jeder nur für sich geben. Klar, dass Ihnen dabei gleich mehrere, unter Umständen sogar sehr viele Verkaufsgespräche und Verhandlungen einfallen, die erfolgreich waren, weil Sie sich gut behaupten konnten.

Betrachten Sie aber die Beantwortung umfassender und selbstkritischer, so kommen Sie nicht umhin, auch die negativ verlaufenen Gespräche zu analysieren.

Hören Sie gleichsam in sich hinein und beantworten Sie die Fragen:

- **Kann ich Fragen stellen?**
- **Kann ich hinhören?**
- **Kann ich schweigen?**
- **Kann ich fragen, nachfragen und hinterfragen?**
- **Habe ich mich in stressigen Situationen im Griff?**
- **Will ich noch wissen, was der andere über mich denkt?**
- **Denke ich noch, wer weiß, ob das jetzt richtig ist, was ich sage?**
- **Kann ich, kenne ich oder beherrsche ich meinen Job?**

Dies sind alles Fragen, die wir beantworten sollten, bevor wir denken: ***„Ich bin gut!“***

Ich habe in meinen Veranstaltungen unzählige „Verkäufer“ getroffen, die dachten, sie seien gut.

Oft stellte sich schon nach kurzer Zeit heraus, dass sie nur durchschnittlich und nicht konsequent waren, keine **eigenen Ziele, sondern nur Wünsche** besaßen und dennoch von sich überzeugt waren.

Jeder, der denkt, gut zu sein, hat eines vergessen: Wir alle können immer besser werden, auch derjenige, der gute Arbeit zu verrichten weiß, kann noch besser werden. Vermeintlich gute Leute gibt es viele.
Bei unzähligen Beratern gibt es den Anschein, dass sie glauben, dass sie nach der Anzahl ihrer Wörter im Gespräch oder in Meetings bezahlt werden.
Manche quatschen sich fast (bitte lassen Sie mich dies so drastisch zum Ausdruck bringen) das Zahnfleisch blutig und wundern sich selbst voller Erstaunen, dass sich kein dauerhafter Erfolg einstellt.

Dass Sie dieses Buch lesen zeigt, dass Sie in Ihrer Freizeit lernen wollen. Sie sind auf dem richtigen Weg. Denn die Grundlage von Erfolg ist Wissen, Können und das Training, um den Job zu beherrschen. Gut so und ein dickes Kompliment an Sie, lieber Leser.

Ein virtuoser Verkäufer schafft es immer wieder, seinem Gegenüber ein gutes Gefühl zu vermitteln.
Eventuell können Sie sich daran erinnern, wie es war, als wir noch Kinder waren. Wir hatten nach dem Schulsport einen riesigen Durst, und der erste Schluck Wasser aus dem Hahn in der Umkleidekabine war ein Hochgenuss.

So etwa stelle ich mir ein perfektes Gespräch vor: Immer wieder durstig zu sein und dennoch das Gefühl von Leidenschaft und Erfüllung, von Erlösung und Genugtuung zu spüren. Und mal ehrlich, das erleben wir doch nicht wirklich sehr oft, richtig?

Beantworten Sie doch einfach ganz allein für sich die folgenden Fragen und ersehen Sie für sich selbst, was und inwieweit Sie als Verkäufer und Berater schon Profi sind. Darum gehen Sie bitte bei der Beantwortung der Fragen ehrlich mit sich selbst um, und prüfen Sie gründlich, weshalb die erfolglosen Gespräche und Verhandlungen letztlich gescheitert sind.

Führen Sie die kleine Analyse durch. Hier finden Sie wichtige Fragen, die Ihnen helfen, sich realistisch einzuschätzen.

Verkäufer / Berater / Gesprächsführer	Stärken/Schwächen		
	oft	selten	nie
Ich kann andere ausreden lassen.			
Ich höre aktiv zu.			
Ich bin gut und genau vorbereitet.			
Ich werde nie überrascht.			
Ich kann Entscheidungen herbeiführen.			
Ich bedränge andere Menschen nicht.			

Einwandbehandlung beherrsche ich gut.			
Ich bin zielorientiert im Gespräch.			
Ich kann warten.			
Ich bin konkret und rede Klartext.			
Ein „vermeintliches Nein“ ist für mich ein mögliches „Ja“.			
Referenzen bekommen fällt mir leicht.			
Ich lerne täglich für meinen Beruf.			
Ich lerne von den „Guten“.			
Ich bin ehrlich zu mir selbst.			
Ich habe echte und konkrete Ziele.			
Ich kann locker andere Menschen ansprechen.			
Niederlagen sind Chancen.			
Ich kann mit Niederlagen umgehen.			
Ich liebe meinen Job über alles, es ist mein Leben.			
Ich entscheide im Gespräch (fast) alles.			
Ich stehe zu dem, was ich sage.			
Ich bin mir meiner Macht bewusst.			
Meine Argumente „ziehen“.			
Ich bin stolz auf meinen Job.			
Ich bin echt wortgewandt.			
Ich kann schweigen.			
Der andere Mensch ist mir wichtig.			

Erschrecken Sie nicht, wenn Sie sehr ehrlich zu sich sind und Sie bemerken, dass Sie über die eine oder andere Aussage nochmals nachdenken sollten.

Beispielsweise könnten folgende Fragen auftreten:

- **Wieso reagiere und antworte ich so?**
- **Was ist der Grund für meine Aussagen?**
- **Was will ich eigentlich wirklich?**

Denken Sie darüber nach, was zu tun ist, um positive Veränderungen in Ihrem Leben anzugehen.
Haben Sie keine Angst, denn schon in der Bibel steht sinngemäß: *„Immer wenn eine Tür zuschlägt, geht ein Fenster auf"*.

Auswertung Ihrer Kurzanalyse

Wurden von Ihnen die allermeisten Fragen mit "oft" beantwortet, sind Sie auf einem guten Weg zum Vollprofi.

Wenn Sie weniger als 18x „oft" angekreuzt haben, dann fördern Sie Ihre Stärken und besinnen Sie sich auf das, was Sie wirklich wollen.
Wenn Sie von Haus aus eher ein nach innen gekehrter Mensch sind, nehmen Sie sich vor, sich jede Woche mit mindestens drei neuen Menschen bekannt zu machen. Umgekehrt gilt das Gleiche: Wenn Sie es gewohnt sind, normalerweise der Mittelpunkt jeder Grillparty zu sein, probieren Sie doch mal aus, wie Sie sich in der Rolle des anteilnehmenden Zuhörers fühlen.

Raum für Ihre Notizen

Kerze oder Bunsenbrenner?

Kerze oder Bunsenbrenner?

Stellen wir uns doch vorab zwei Fragen.

Was ist Selbstbewusstsein?
Was ist Selbstmotivation?

Selbstbewusstsein:
In der Psychologie kennt man Bewusstsein als besondere Gegebenheit von Erlebnissen, als seelische Prozesse, als Wahrnehmungen oder als Erinnerungen.
Gefühle und Ähnliches mehr werden vom Bewusstsein erfahren. Bewusstsein ist der Gesamtinhalt unserer „Ich"- Erfahrungen oder die Summe aller wirklichen oder gleichzeitigen gegenwärtigen Vorstellungen.

Vereinfacht sage ich gerne: **Selbstbewusstsein ist wissendes Bewusstsein von sich selbst.** Das heißt, ich weiß, dass ich in meinem Leben entscheiden kann. Ich weiß, dass ich auf Erden begrenzte Zeit habe. Ich weiß, dass ich sterben werde und so weiter.

Und weil ich all dies weiß, entsteht in mir Selbstmotivation
etwas aus meiner begrenzten Lebenszeit zu machen.

Selbstmotivation:

Zu diesem Thema können Sie in unzähligen Büchern lesen.

Ich habe meine ganz eigene Definition gefunden:

Selbstmotivation (intrinsische Motivation) entsteht aus meiner Sicht nur, wenn ich eine Vision und ein Ziel, das ich erreichen will, vor Augen habe.

Dann stelle ich mir Fragen:

- **Weshalb und wozu tue ich das Ganze, was ist mein Ziel?**
- **Gibt es dringendere Probleme?**
- **Muss ich mich darum vorrangig kümmern?**
- **Kann ich das? Bin ich dem wirklich gewachsen?**
- **Wie sind meine Chancen, damit wirklich erfolgreich zu werden?**
- **Will ich das? Was bringt es mir?**
- **Ist das eine echte Herausforderung?**
- **Welches Risiko gehe ich ein? Was kann ich maximal verlieren?**

Dann prüfe ich ab, ob ich wirklich von innen heraus ein Bedürfnis verspüre, die Sache anzugehen. Wenn ich dies mit einem klaren „Ja" beantworten kann, dann bin ich hochgradig selbstmotiviert, die Sache auch wirklich in Angriff zu nehmen.

Fremdmotivation (extrinsische Motivation, die im Gegensatz zur intrinsischen von äußeren Faktoren bestimmt wird, wie z.B.: Erziehung) traue ich persönlich nicht so richtig.

Manche Trainer und Rhetorikgurus aus vergangenen Zeiten lebten ja prächtig davon, diese als Antriebsform zu lehren. Mir fällt in diesem Zusammenhang folgendes Bild ein: Ein großer Traktorreifen wird mächtig aufgeblasen und wenn alles vorbei ist, wird vergessen, das Ventil festzuschrauben. So wie der Reifen aufgeblasen wurde, verliert er auch wieder schnell an Luft. Deshalb glaube ich, Fremdmotivation ist maximal für einen kurzfristigen Motivationsschub geeignet, aber nicht für nachhaltige Veränderungen im eigenen Denken, Handeln und konsequenten Tun.

Zunächst nehmen wir auf die Maslowsche Pyramide Bezug. Haben Sie schon darüber nachgedacht, welche Bedeutung diese Pyramide für Sie hat, welche Bedürfnisse erfüllt sind und welche noch nicht? Gehen Sie bitte die kleine Anstrengung ein, und tragen Sie in die unten stehende Tabelle Ihre erreichten Ziele ein.

1 bedeutet: wenig erreicht

10 bedeutet: vollends erreicht

Selbstverwirklichung	
soziale Anerkennung	
soziale Bedürfnisse	
Sicherheitsbedürfnis	
Grundbedürfnis	

Ihre Antworten werden Ihnen aufzeigen, wie Sie sich gegenwärtig fühlen, was Sie denken und wohin Sie auf Ihrem (Lebens-)Weg wollen.

Folgerichtig ist nachzufragen, wie zufrieden Sie sind – und: Soll alles so bleiben, wie es ist?

Erkennen Sie Handlungsbedarf, werden Sie aktiv!

In seinem Buch „The Star Thrower“ (sinngemäß der Steinewerfer) beschreibt Loren Corey Eiseley, ein literarischer Naturwissenschaftler (03.09.1907 – 09.07.1977), wie er eines Morgens am Strand spazieren ging und eine Beobachtung machte, die sein Leben veränderte.
Die Flut hatte in der Nacht Tausende von Seesternen an den Strand gespült. Eiseley sah einen Jungen im Sand knien, der einen Seestern nach dem anderen aufsammelte, um ihn dann ins Meer zurückzuwerfen.
Nachdem er dem Jungen einige Minuten zugeschaut hatte, fragte Eiseley ihn, was er da tue. Der Junge richtete sich auf und antwortete: *„Ich werfe Seesterne ins Meer zurück. Es ist Ebbe und die Sonne brennt herunter. Wenn ich das nicht tue, dann sterben sie.“* Eiseley schaute verwundert, um dem Jungen dann klar zu machen, dass seine Aktivität fruchtlos war, und antwortete:
„Aber junger Mann, ist dir eigentlich klar, dass hier Kilometer um Kilometer Strand ist?
Überall liegen Seesterne herum. Die kannst du unmöglich alle retten, das hat doch keinen Sinn.“
Der Junge hörte höflich zu, bückte sich, nahm einen weiteren Seestern auf, warf ihn ins Meer zurück, lächelte und sagte:
„Aber für diesen hat es einen Sinn.“

Erkennen Sie Handlungsbedarf, werden Sie aktiv!

Wer ist nicht schon Menschen begegnet, die immer einen Anlass finden, etwas nicht zu tun. Im Gespräch wird schon nach einiger Zeit ihre Unzufriedenheit erkennbar. Sie bemängeln Vieles und tendieren dabei oft zum Nörgeln, sie erkennen ihr Verantwortungsbewusstsein nicht oder wollen die Verantwortung nicht übernehmen. Sie sind mehr mit ihrer Rolle als Zweifler beschäftigt und nicht als Nutzer von Chancen.

In Unterhaltungen sind meist „argumentative" Einwände zu hören, wie:

- *Ich bin zu alt dafür...*
- *Muss das sein?*
- *Muss das jetzt sein?*
- *Wieso muss sich denn alles ständig ändern?*
- *Es ist zu spät dafür.*
- *Es ist zu früh dafür.*
- *Geht denn das überhaupt?*
- *Das lässt sich auch noch später machen!*
- *Wieso denn immer ich?*
- *Und ich bin der/ die Richtige dafür?*

Sie kennen solche Einwände oder besser Vorwände, wohl jeder hat sie gelegentlich schon einmal benutzt, als Abwehr- oder Schutzhaltung oder für die „Ohne-mich-Position“.

Machen Sie den Versuch und hinterfragen Sie Ihre Bedürfnisse und Wünsche. Prüfen Sie Ihre Bereitschaft, Veränderungen vorzunehmen. Sind die Bedürfnisse und Wünsche so groß und verlockend, dass es sich lohnt, Ihre (eventuell) vorhandene Trägheit oder Interesselosigkeit zu überwinden?

Menschen werden von ihren Bedürfnissen und Wünschen gelenkt und motiviert.
Ihre Motivation entsteht aus ihren eigenen Interessen und Zielen. Vieles davon ist absolut unbewusst.
Die andere Seite des Menschen sind seine Erfahrungen, seine Kenntnisse, seine Sichtweisen, Standpunkte und Emotionen. Sie zeigen oftmals mehr über einen Menschen als ihre Außendarstellung.
Menschen sind in ihrem Denken das Produkt ihrer Emotionen und der subjektiv empfundenen Einflüsse anderer sowie ihrer natürlichen Erfahrungen und Veranlagungen.

Finden Sie heraus, was Sie antreibt, indem Sie die fünf Ihrer Meinung nach wichtigsten Bedürfnisse oder Wünsche aufschreiben. Denken Sie dabei nicht nur an materielle, sondern auch ideelle Bedürfnisse.
Nun geben Sie sich zwei Minuten Zeit.

Meine eigenen wichtigsten Bedürfnisse, Träume und Wünsche:

____

____

____

____

____

Wenn Sie mehr als zwei Minuten benötigen, dann haben Sie nun selbst erkannt, dass es höchste Zeit war, sich darüber Gedanken zu machen. Denn wer seine Hauptwünsche, Träume und wesentlichen Bedürfnisse nicht kennt, kann sich keine klaren Ziele setzen.

Nochmal, ohne eigene Visionen und Ziele im Leben gibt es keine Wege, die man erfolgreich beschreiten könnte. Schon mein Navigationssystem im Auto braucht ein Ziel. Wenn ich kein Ziel eingebe, würde ich zwar herumfahren, käme aber irgendwo an, wenn der Sprit alle wäre. Das wäre unsinnig.

In dem Pflegeheim, das Mutter Teresa von Kalkutta 1986 in New York für Aidskranke errichtet hat und dem sie den Namen "Geschenk der Liebe" gab, hängt in der Eingangshalle ein Poster an der Wand mit folgenden Zeilen:

- Das Leben ist eine Chance, nutze sie.
- Das Leben ist schön, bewundere es.
- Das Leben ist eine Wonne, koste sie.
- Das Leben ist ein Traum, verwirkliche ihn.
- Das Leben ist eine Herausforderung, nimm sie an.
- Das Leben ist eine Pflicht, erfülle sie.
- Das Leben ist kostbar, gehe sorgsam damit um.
- Das Leben ist ein Reichtum, bewahre ihn.
- Das Leben ist Liebe, genieße sie.
- Das Leben ist ein Rätsel, löse es.
- Das Leben ist ein Versprechen, erfülle es.
- Das Leben ist Traurigkeit, überwältige sie.
- Das Leben ist ein Lied, singe es.
- Das Leben ist ein Kampf, nimm ihn auf.
- Das Leben ist eine Tragödie, stell dich ihr.
- Das Leben ist ein Abenteuer, wage es.
- Das Leben ist Glück, behalte es.
- Das Leben ist kostbar, zerstöre es nicht.
- Das Leben ist Leben, erkämpfe es dir.

Also, hinterfragen Sie sich bitte nach dem Gelesenen. Was will ich wirklich in meinem Leben und beachten Sie, dass Wünsche und Ziele nichts Statisches sind und ähnlich wie ein Businessplan für ein Unternehmen immer wieder neu hinterfragt und ausgebaut werden müssen.

Die große Kunst zur Selbstmotivation besteht darin, dass Sie Ihr Ziel klar benennen können. Diese Aufgabe lösen Sie, indem Sie die Wahrnehmung auf das, was Sie erreichen wollen, steigern und in die geeignete Richtung lenken. Ist Ihr Blick klarer geworden, denken Sie auch intensiver, zielgerichteter und lassen sich nicht so schnell vom Weg abbringen. Erst jetzt geben Sie dem Erreichen Ihrer Ziele eine besondere Dynamik, indem Sie diese Ziele durch Handeln mit höchster Motivation und Lust verfolgen.
Der Mensch sehnt sich nach einem erfüllten, sinnvollen Leben. Das kann man nur leben, wenn man seine Talente zielorientiert einsetzt, das Beste aus dem macht, was einem der liebe Gott geschenkt hat.

Nun stellen sich spannende Fragen: *„Ist das, was ich gerade aufgeschrieben habe, wirklich notwendig, um glücklich und zufrieden zu sein? Motivieren mich meine Bedürfnisse und Wünsche, meine Talente sinnvoll für mich und andere einzusetzen?*
Bin ich davon überzeugt, das Richtige aufgeschrieben zu haben und spüre dennoch innere Widerstände?“

Beschäftigen Sie sich mit den folgenden neun Leitsätzen zur Eigenmotivation. Diese Leitsätze werden Ihnen immer wieder helfen, Ihre Ziele zu erreichen.

1. **Erfolg und Misserfolg gehören zusammen und ermöglichen mir neue Sichtweisen.**
2. **Wenn die Redensart stimmt, dass der Glaube Berge versetzen kann, dann ist es für mich der Glaube an die eigene Stärke. Ich habe diese Stärke.**
3. **Ich bin mir bewusst, dass nur meine ehrliche und positive Einstellung und Ausstrahlung Menschen an mich bindet.**
4. **Ich stelle mich Herausforderungen, denn sie spornen mich an und machen mich stark.**
5. **Ich helfe zuerst mir selbst, auch wenn ich Hilfe von außen erwarten kann.**
6. **Ich akzeptiere meine Defizite und mühe mich, sie zu verringern, um meine Stärken hervorzuheben.**
7. **Ich habe schon Erfolge gehabt. Heute erinnere ich mich ihrer und hinterfrage, was ich früher anders gedacht und wie ich anders gehandelt habe.**
8. **Ich denke vor allem an die Gegenwart und in die Zukunft hinein. Die Vergangenheit kann ich nicht ändern, sie bleibt, was sie ist: Reflektor meiner Erkenntnisse und Erfahrungen.**
9. **Jedes Problem ist auch eine Chance. Jede Niederlage hat eine Botschaft. Ich nutze den Geist der Chance, um die Botschaft zu verstehen.**

Diese Leitsätze sind nicht die allein glücklich machende Lösung. Sie sollen nicht als Brainwash-Sätze herangezogen werden, sondern Sie sollten sich schon die Mühe machen und diese in Hinblick auf Ihre Bedürfnisse hinterfragen.

Das Leben ist in seiner Komplexität am besten vom jetzigen Alter aus rückwärts zu verstehen, es kann aber nur vorwärts gelebt werden. Deshalb bin ich weit davon entfernt, Urteile über das Leben anderer abzugeben, beispielsweise das Aufgeben bzw. Scheitern der etwa 30 TeilnehmerInnen um mich herum nach dem ersten Verkäufer-Seminar Anfang der neunziger Jahre. Nein, es geht nicht um Belehrungen, es geht um Leitsätze, die anregen sollen, zur kritischen Auseinandersetzung mit dem eigenen Ich und mit der Tätigkeit eines Verkäufers/ Beraters, einer Führungskraft, um die es in diesem Buch geht.
Ich möchte Ihnen einen Impuls geben, der meinem Erfahrungsschatz entsprungen ist. Er stammt aus meinem Verkäuferleben, aus meiner Tätigkeit als Verkaufs- und Persönlichkeitstrainer und Coach und ich möchte diesen an Sie weitergeben:

Es war Anfang der neunziger Jahre, ich war in der Weiterbildung und besuchte ein Dale-Carnegie-Seminar mit dem damaligen Trainer Martin Sinell.
(Zur Erläuterung: Dale Carnegie ist der Inbegriff des erfolgreichen Selfmade-Mannes. In der SPIEGEL Sachbuch-Bestseller-Liste ist er seit Jahren unter den Top 10 mit seinem Buch „Sorge Dich nicht, lebe“.)

In diesem Seminar wurde von den Möglichkeiten des wahren und ehrlichen Denkens gesprochen, von Mut und Angst, von Chancen und Frustrationen. Ich erfuhr von einer ganz außergewöhnlichen Macht, der Macht der selbsterfüllenden Prophezeiung. Ich dachte (und da bin ich ganz aufrichtig zu Ihnen): *„Was sind das hier für völlig ausgeflippte Menschen?“*

Und dennoch: Das Thema reizte mich von Stunde zu Stunde mehr, so dass ich daran ging, meine Begrenzung im Kopf zu beseitigen, um mehr zu erfahren. Ich wollte wissen, was die selbsterfüllende Prophezeiung ist und was sie mir persönlich bringt, wie sie mir nützt.
Der Begriff der selbsterfüllenden Prophezeiung wurde von dem englischen Soziologen Robert K. Merton eingeführt und ist eine Bezeichnung dafür, dass unsere Erwartungen unser Handeln beeinflussen und dadurch auch das Ergebnis einer Handlung. Unser Handeln lässt sich verstehen, wenn wir unsere Ziele, Absichten, Motive und persönlichen Erwartungen ermitteln.

Unser Verhalten kann sich ändern, wenn wir neben dem bloßen Reagieren auf Tatsachen auch agieren. Wir können unsere Umwelt mitgestalten, wenn wir erkennen, dass wir der Kapitän auf dem Boot unseres Lebens sind. Unser Denken wird schöpferisch und produktiv. Denken, Handeln und Tun sorgen dafür, zu neuen Erkenntnissen zu kommen und Lösungen zu erarbeiten. Wir werden kreativ, inspirativ und zielsicher.

Damals hatte ich mich entschieden, dass ich später einmal Trainer für den Verkauf sein werde.
Für dieses Ziel bin ich die notwendigen Schritte gegangen, habe als Verkäufer gearbeitet und kein Angebot ausgeschlagen, um Seminare zu besuchen, um zu lernen.
Ich habe meine Trainerlizenzen erworben, Niederlagen bekämpft, neue Kunden geworben, die BSTB-Akademie gegründet, mich weiter qualifiziert und ein Netzwerk von Vollprofis um mich geschart.
Ich habe genau jene Menschen kennen gelernt, die meinen Weg bis heute begleiten und habe später selbst viele tausende Seminarstunden durchgeführt und Vorträge gehalten.
Heute, im Jahr 2007, kann ich sagen, dass meine Vision Wirklichkeit geworden ist, weil ich es wollte. Oder: Meine **Prophezeiung** trat ein. Sie hat sich **selbst erfüllt**.

Wenn eine Person an eine bestimmte Sache glaubt oder davon überzeugt ist, dass sie wahr ist oder eintreten wird, trägt sie durch ihre Handlung und ihr Verhalten dazu bei, dass diese Prophezeiung auch eintritt.
Robert K. Merton

Jeder kann auf dieser Grundlage seine besonderen Fähigkeiten entdecken und seine individuellen Wünsche wahr werden lassen.
Jeder kann genau so seinen Weg gehen, indem er konsequent und aktiv seine Ziele und Sehnsüchte lebt und sich damit das Phänomen der selbsterfüllenden Prophezeiung zu Nutze macht.

Sagen Sie zu sich: Meine Einstellung, mein klares Ziel und mein unbedingter Wunsch, meinen Traum wahr zu machen, das ist es! Damit Sie den (oft langen und mühsamen) Weg zum persönlichen Erfolg etwas leichter gehen können, möchte ich Ihnen ein Hilfsmittel an die Hand geben.

Nehmen Sie ein DIN-A4-Blatt. Notieren Sie handschriftlich Ihre Hauptziele und geben ihnen jeweils einen selbst gesetzten Termin. Erklären Sie dann, dass Sie nie wieder jemand von Ihren Zielen abbringen kann. Setzen Sie Ihre Unterschrift darunter und das aktuelle Datum.

Dann hängen Sie das gerahmte Blatt in Ihrer Wohnung an einer markanten Stelle auf, wo Sie täglich mehrfach daran vorbeigehen und erinnert werden.
Dieses Blatt sollte aber auf keinen Fall für andere Menschen lesbar sein. Das heißt, Sie hängen das Blatt am besten hinter den Badezimmerspiegel. Wieso?

Wenn Sie jemand anderes das Blatt lesen lassen, haben Sie einen großen Fehler begangen. Sie haben nun jemanden, bei dem Sie sich rechtfertigen müssen, wenn etwas nicht funktioniert hat.

Wenn Sie der Einzige sind, der weiß, was auf Ihrem Blatt geschrieben steht, haben Sie dieses Risiko nicht. Nun können Sie sich bei Nichterfüllung nur noch selbst ins Gericht nehmen.

Wie Sie dieses Hilfsmittel gestalten können, zeigt folgendes Beispiel:

Meine persönliche Verpflichtung

Mein Wunsch wird wahr!

(So genau wie möglich beschreiben und definieren)

....

....

....

....

....

....

Datum der Erfüllung eintragen

Unterschrift und aktuelles Datum

Hiermit haben Sie eine gute Entscheidung getroffen. Sie haben ein weiteres Stück Ihres Lebens bildhaft „in Ihre Hände genommen". Sie haben die Möglichkeit der eigenen Entscheidung genutzt.
Sie werden sehen, es ist ganz einfach, sein Leben in die eigene Hand zu nehmen. Es wird funktionieren!

Ich möchte Ihnen zum Ende dieses Kapitels noch die zehn paradoxen Gebote von Dr. Kent M. Keith mit auf Ihren Lebensweg geben.

Es ist etwas zum Nach- oder Vordenken.

- Die Menschen sind unberechenbar, unvernünftig
  und denken nur an sich.
  Liebe sie trotzdem.
- Wenn Du Gutes tust wird man glauben,
  dass Du eigene Hintergedanken hast.
  Tue trotzdem Gutes.
- Wenn Du erfolgreich bist, machst Du Dir
  falsche Freunde und wahre Feinde.
  Sei trotzdem erfolgreich.
- Wenn Du heute Gutes tust, wird man es morgen
  schon vergessen haben.
  Tue trotzdem Gutes.

- Offenheit und Ehrlichkeit machen Dich verwundbar.

  Sei trotzdem offen und ehrlich.
- Die größten Pläne der größten Menschen können von den geringsten und einfältigsten Menschen zunichte gemacht werden.

  Schmiede trotzdem große Pläne.
- Die Menschen sympathisieren mit Verlierern, folgen aber nur Gewinnern.

  Kämpfe trotzdem für die Verlierer.
- Dinge, an denen Du jahrelang gearbeitet hast, können über Nacht zerstört werden.

  Arbeite trotzdem weiter.
- Manche Menschen brauchen dringend Deine Hilfe, greifen Dich aber an, wenn Du sie ihnen gibst.

  Hilf ihnen trotzdem.
- Gib der Welt Dein Bestes und Undank wird Dein Lohn sein.

  Gib der Welt trotzdem Dein Bestes.

Übersetzung: Sirka Sander

Raum für Ihre Notizen

Mit Erfolgsglaube, Disziplin und Leidenschaft zum Erfolg

Beitrag zu dem Vortrag „Über Hürden zum Erfolg“

Beitrag von Edgar Itt

Der Weg zu Ihnen ist der Weg zu Ihrem beruflichen Erfolg

Einige meiner Vorträge, die sich an Führungskräfte richten, beginne ich sehr gerne damit, dass ich das Bild eines kleinen, putzigen Kerlchens mit Kulleraugen und Segelohren an die Wand werfe. Über dem lustigen Gesicht sind die Worte zu lesen:

„Wer bin ich? Was zeichnet mich aus?"

An dieser Stelle brechen die Zuhörer meist in herzhaftes Lachen aus, und Lachen ist meines Erachtens ein wichtiger Aspekt, um erfolgreich durchs Leben zu gehen.

Nein, aber im Ernst: Fragen Sie sich doch mal selbst im Stillen: „Wer bin ich? Was zeichnet mich aus?" Sie werden feststellen: Diese Frage zu beantworten ist absolut nicht einfach. Jedoch kann nur derjenige, der sich seiner selbst bewusst ist, wirklich glücklich und erfolgreich sein. Diese Aussage teilten mit mir schon die alten Griechen. Sie wussten um ihre Bedeutung. Über dem berühmten Orakel in Delphi, das von damaligen Führungskräften als beratender Wegweiser für ihre Strategien aufgesucht und als der Schlüssel zum Erfolg angesehen wurde, standen die Worte *„Gnothi sauton" – „Erkenne Dich selbst."*

Was bedeutet nun dieses „Sich-selbst-erkennen" und „Sich-seiner-selbst-bewusst-sein"?

Von den meisten Menschen, die in der Öffentlichkeit erfolgreich agieren, können wir behaupten, dass diese selbstbewusst sind. Sie sind sich ihres Wertes und der Wirkung ihrer Persönlichkeit bewusst.

Für mich war im Übrigen mein jetziger Freund und damaliger Kontrahent Edwin Moses der Inbegriff von Selbstbewusstsein. Vielleicht erinnern Sie sich: Edwin Moses, das war der Hürdenläufer, der über neun Jahre lang in 122 Wettbewerben in Folge ungeschlagen blieb. Seine Läufe bestritt er oft mit Sonnenbrille auf der Nase und die Interviews mit stolzgeschwellter Brust.

Allerdings ist dieses Verständnis des Selbstbewusstseins, das wir durch äußere Zeichen und Verhaltensweisen wahrnehmen, nur ein Teilaspekt des menschlichen Selbst.

Der Duden geht in seiner Erklärung des Begriffes „Selbstbewusstsein" noch weiter, indem er ergänzt: „In der Philosophie ist Selbstbewusstsein ein Begriff, der das Wissen um das „Ich" bezeichnet." Mit dieser Erklärung wird der Begriff kompliziert. Denken Sie nur an die Freudsche Definition des Ich-Begriffs oder auch an die buddhistische Betrachtungsweise. Das Wissen um das „Ich" scheint sehr komplex, und wenn Sie mich als Laien fragen, sehr verwirrend. Wie soll man da selbst wissen, wer man wirklich ist?

Ich bin kein Philosoph, ich erhebe nicht den Anspruch, wissenschaftlich zu argumentieren und anzuleiten.

Vielmehr würde es mich freuen, wenn Sie von meinem reichen Erfahrungsschatz als ehemaliger Spitzensportler, jetziger Führungskräftecoach und überzeugter Christ ebenfalls profitieren.

Ich möchte Ihnen auf meine Art und Weise aufzeigen, wie wertvoll es ist, dass Sie sich Ihrer selbst, Ihrer Talente und Ihrer Einmaligkeit bewusst sind. Dazu gehören erste Lösungsansätze, wie Sie zu sich selbst finden, wie Sie herausfinden, wer Sie sind, was Ihre Bestimmung ist, was Sie wirklich von Ihrem Leben erwarten und was Sie schließlich glücklich macht. Sie werden sehen: Wenn Sie meine Worte beherzigen, wird Ihr Leben privat wie beruflich erfolgreicher verlaufen!

Gleich vorweg – es ist kein leichtes Vorhaben! Der Weg zu sich selbst ist ein schwerer Weg, der viel Mut zur Veränderung, viel Ausdauer und hartes, regelmäßiges Training erfordert.
Doch glauben Sie mir, wenn ich als Hürdenläufer jede Hürde nur mit Schmerz und Unannehmlichkeiten in Verbindung gebracht hätte – ich wäre niemals so erfolgreich geworden!

Betrachten Sie jede Schwierigkeit in Ihrem beruflichen wie auch privaten Leben als eine Herausforderung! Sie werden sehen, wie diese Einstellung Sie tragen wird!

Von Vorbildern lernen

Begeben Sie sich mit mir nun auf die Suche nach sich selbst. Lassen Sie mich mit einem banalen Beispiel aus dem Berufsalltag beginnen!
Mit Sicherheit kennen Sie das auch: Sie sind zu einer Veranstaltung geladen. Ihr Weg dorthin ist mehr Pflicht als Lust. Die vielen Menschen an Ort und Stelle sagen Ihnen nichts, und weil es denn so sein muss, beginnen Sie mit dem Nachbarn, der das obligatorische Sekt- oder Orangensaftglas fast schon wie einen kleinen Schild schützend vor sich hält, pflichtbewusst ein Gespräch.

Die erste Frage, die Sie jetzt stellen, ist, nachdem Sie sich gegenseitig vorgestellt haben, wie *„Guten Tag, ich bin Herr Mayer oder Herr Müller von der Firma Sowieso": „Was machen Sie denn beruflich?"*

Und jetzt die andere Frage:

Sind Sie schon einmal danach gefragt worden, was Sie *auszeichnet*, oder umgekehrt: Haben Sie sich einmal danach erkundigt, wer der andere wirklich ist? Und den anderen zeichnet ja zweifelsohne, genau wie Sie, noch mehr aus als nur der berufliche Werdegang.

Mit dieser Frage wären wir inmitten eines spannenden Gesprächs, und die Pflichtveranstaltung würde wider Erwarten einen angenehmen Verlauf nehmen – vielleicht aber auch nicht.

Für ein eventuelles Scheitern kann es einige Gründe geben:

- **Sie wissen gar nicht, was Sie auszeichnet?**
  Ihnen wünsche ich, dass Sie sich so schnell wie möglich auf den Weg machen und nach Ihren Stärken, Neigungen und Sehnsüchten forschen und fündig werden. Wie das geschehen soll, werden wir gemeinsam in den nächsten Seiten in Angriff nehmen!
- **So eine Fragestellung ist Ihnen viel zu persönlich?**
  Sie trennen Ihr Privatleben strikt von Ihrem Berufsleben?
  Ich werde Ihnen in Zusammenhang mit dem ersten Punkt aufzeigen, dass es durchaus Sinn machen kann, Privates vom Beruf nicht immer strikt voneinander zu trennen.
- **Sie sind eigentlich gar nicht an ihrem Gegenüber interessiert?**
  Schade! Dann fragen Sie sich doch einmal, ob Ihnen vielleicht nicht irgendetwas durch diese Sichtweise entgehen könnte.

Oder wenn Sie sich sicher sind, dass Sie kein Interesse haben, dann seien Sie höflich, aber ehrlich, und teilen Sie es Ihrem Gegenüber mit. Ihr Gesprächspartner wird sonst sowieso recht schnell merken, das Ihr Interesse nur oberflächlich ist.

Vielleicht springen Sie doch einmal über Ihren Schatten. Versuchen Sie an Ort und Stelle, bei dem Menschen zu sein, der gerade vor Ihnen steht, und zeigen Sie wirkliches Interesse. Auf den ersten Blick ist nicht immer klar, was für einen Menschen Sie vor sich haben. Das gleiche gilt für Sie: Sie selbst werden nur dann für einen anderen Menschen interessant, wenn Sie authentisch sind! Nicht das, was Sie an Kleidung tragen, ob Sie eine Rolex an Ihrem Handgelenk haben oder in Burberry gekleidet sind, ist wirklich aussagekräftig, sondern Ihr Verhalten und Ihre Offenheit! Kleine Gesten können viel bewirken. Gehen Sie mit gutem Beispiel voran!

In dieser Weise führt uns der Weg zu uns selbst auch über andere Menschen. Über Menschen, die uns den Weg weisen können.
Ein großes Vorbild ist für mich Lance Secretan, einer der wichtigsten Theoretiker und Lehrer für effektives Führungsverhalten in Amerika. Er ist Mentor und Berater von Unternehmen und Regierungen und beschreitet bei seiner Definition einer erfolgreichen Führungskraft einen neuen Weg. Er zeichnet das Bild des neuen Typen von Führung auf, das er *Higher Ground Leadership* nennt.

Für Secretan hat eine Führungskraft eine wirkliche Vorbildfunktion inne: **Sie ist in der Lage, Menschen zu inspirieren!**

Er hält fest, dass alle Menschen Sehnsucht nach einem Vorbild haben. Allerdings bedauert er (und diese Aussage werden Sie bestimmt mit ihm teilen können), dass es in unserer heutigen Zeit kaum mehr solche vorbildhaften Führungsgrößen gibt. Bei seinen Untersuchungen, was denn eine inspirierende Persönlichkeit überhaupt charakterisiert, stieß er auf interessante Ergebnisse.

Mutter Theresa, Martin Luther King, Mahatma Gandhi – alle drei seien lediglich exemplarisch genannt – hatten ein inneres Wissen über ihre Bestimmung (warum sie hier auf der Erde sind) über ihre Aufgabe (wie sie sein werden, während sie hier sind, und wofür sie stehen) und über ihre Berufung (was sie tun werden und wie sie ihre Talente und Gaben nutzen können, um zu dienen).

Hinterfragen Sie doch mal Ihr Leben im Vergleich zu Ihren Vorbildern:

- **Wie sieht es denn mit Ihrer Bestimmung aus?**
- **Wofür stehen Sie?**
- **Was sind denn Ihre Talente?**
- **Sind Sie ein inspirierender Mensch?**
- **Üben Sie Ihren Job mit Leidenschaft aus?**

Und noch eine provokante Frage:

Meinen Sie, dass diese Menschen in ihrem Verhalten zwischen Privat- und Berufsleben unterschieden haben?

Ich möchte Ihnen hiermit nicht sagen, dass es keinen Sinn macht, manche Angelegenheiten mit privatem Charakter für sich zu behalten und nicht in das Berufsleben hineinzutragen.
Ihr wirkliches Wesen jedoch, das was Sie auszeichnet, das sollten Sie in *beiden* Bereichen leben können. Diese vorbildhaften Persönlichkeiten setzten ihre Fähigkeiten und Talente im Dienste der Menschen ein – und das ihr Leben lang. Dadurch, dass diese Menschen ihre Tätigkeiten leidenschaftlich ausüben, konnten sie Menschen inspirieren und auch selbst glücklich sein. Ein Vollblutläufer wie ich geht damals wie heute auch in seiner Freizeit joggen.

Jeder Mensch hat besondere Fähigkeiten und Talente geschenkt bekommen. Dieses leben zu können, *das* macht glücklich!
Versuchen Sie sich daran zu erinnern, was für ein erhebendes Gefühl es ist, wenn Sie eine bestimmte Aufgabe erfolgreich gelöst haben, wenn Sie in irgendeiner Weise eine für Sie besondere Leistung erbracht haben. Ich z. B. erinnere mich gerne daran, wie ich damals bei meinen internationalen Wettkämpfen die Ziellinie überquert habe und wie die Zuschauer mit mir gejubelt haben. Heute erfüllt mich der Moment im Leben mit Glück, wenn mein Vortrag den einen oder anderen Zuhörer beseelt und Menschen mir erzählen, dass ich ihnen wertvolle Impulse mitgeben konnte, die ihrem Leben eine positive Wendung gegeben haben.

Freude bei der Arbeit ist wichtig, und die Arbeit soll uns beseelen! Wenn die Arbeit uns beseelt, stecken wir mit unserer Begeisterung andere Menschen an und geben ihnen Kraft und inspirieren sie.

Ist das bei Ihnen der Fall? Verfolgen Sie mit brennender Leidenschaft Ihre beruflichen und auch privaten Ziele?
Wenn nicht, dann sollten Sie, um zu wissen, wohin Sie der Weg zu sich selbst führt, zunächst einige wichtige Fragen vor Reiseantritt stellen.

Mit Visionen zum Ziel

Denken Sie bitte über folgende Fragen in aller Ruhe nach. Gehen Sie spazieren, setzen Sie sich in den Park, aber gönnen Sie sich ungestörte Ruhe:

- **Sind Sie mit Ihrem Leben wirklich zufrieden?**
- **Haben Sie bisher das Beste aus Ihrem Leben gemacht?**
- **Warum haben Sie sich für Ihren Beruf entschieden und für Ihren Partner?**
- **Was würde Ihrem Leben einen tieferen Sinn geben und Sie glücklich machen?**

Wenn Sie feststellen sollten, dass Sie mit Ihrem Leben nicht ganz so zufrieden sind, wie Sie es gerne wären, dann befragen Sie Ihr Herz, was Sie sich wirklich vom Leben wünschen:

Das Wunderbarste von all dem, was im Menschen ist, ist sein Herz, denn es ordnet Ihr ganzes Wirken. Dies haben schon die klugen Schriftsteller der Märchen aus 1001 Nacht zitiert, aber auch das, nämlich sein Herz danach zu fragen, was es wirklich will, das ist äußerst schwierig. Ich helfe Ihnen dabei!

Zunächst machen Sie sich auf die Suche nach Ihren Fähigkeiten, nach dem, was Sie persönlich auszeichnet. Konzentrieren Sie sich dabei auf Ihre positiven Eigenschaften. Üben Sie sich in positivem Denken. Das ist auch eine große Herausforderung! Viel eher wird Ihnen wahrscheinlich einfallen, was Sie in der letzten Zeit alles falsch gemacht haben oder was Sie an sich selbst so richtig stört. Dem Menschen fällt es grundsätzlich leichter, sich an negative Erlebnisse zu erinnern. Die positiven Ereignisse müssen wir erst aus unserer inneren Schublade hervorkramen.

Ich behaupte aber, dass es wichtig ist, positiv zu denken und dazu gehört auch, seine Stärken zu kennen, um diese tatsächlich entfalten zu können. **Unser Denken bestimmt schließlich unser Handeln.**
Machen Sie sich nun angenehme Gedanken:
Erinnern Sie sich an Ihre Kindheit. Fragen Sie sich, was Sie damals gerne gemacht haben, worin Sie gut waren und was Sie glücklich gemacht hat. Als Kinder haben wir viele Dinge unbewusst gemacht und hatten eine Menge glücklicher Momente. Wir waren ganz wir selbst.

Ich war ein sehr unruhiges Kind. Das ging schon so weit, dass meine Mutter ständig Angst hatte, ich könnte mich bei der ganzen Zappelei noch verletzen. Mein Großvater ging aus diesem Grund oft mit mir an die frische Luft, um Sport zu machen, so dass ich abends nur noch müde ins Bett fallen konnte. Er war es auch, der mich schließlich zum Laufen brachte, und ich kann Ihnen sagen, ich lief für mein Leben gern.

Als Erwachsene fällt es uns wesentlich schwerer herauszufinden, was wir wirklich gerne tun. Meist haben uns die vergangenen Jahre eine Form der Anpassung beschert. Die Dinge laufen eben so, wie sie sind. Wir sind eingefahren, indem was wir tun, und haben zum Teil auch verlernt, unseren Bedürfnissen nachzugehen und Forderungen an das Leben und auch an den Beruf zu stellen.

Ich war mit 28 Jahren gezwungen, meinen bisher eingeschlagenen Lebensweg zu überdenken und zu ändern. Ich hatte mir eine zur damaligen Zeit unheilbare Knorpelverletzung an meinem linken Knie zugezogen, die letztendlich das vorzeitige Karriere-Aus bedeutete. Sie können sich gar nicht vorstellen, wie schlecht es mir in dieser Zeit ging. Mir erschien es, als ob alles bisher Erlernte, alles, was mir bisher Spaß gemacht hatte, bedeutungslos geworden wäre. Mein Leben erschien mir zu diesem Zeitpunkt sinnlos, bis ich begriff, dass sich meine gesammelten Erfahrungen im Spitzensport auf das Berufsleben von Führungskräften und ihre Mitarbeiter übertragen lassen und dass ich schon immer sehr gerne mit Menschen zusammengearbeitet habe.

Fragen Sie sich also:

- **Was waren schon immer Ihre Stärken, was haben Sie schon immer gerne und gut gemacht?**
- **Was würde Ihnen Sinn im Leben geben?**

Denken Sie positiv!

Bedenken Sie, dass alles, was Sie bisher gemacht haben, einen Sinn hat und Sie auf Ihrem persönlichen Erfolgsweg weiterführt!

Wohin will ich in meinem Leben, was ist meine Vision?

Wenn Sie wissen, was Sie gerne und gut machen, dann brauchen Sie ein Ziel, denn ein Schiff, das nie den Hafen verlässt, erfüllt nicht seine Mission.
Ich muss Ihnen gestehen, dass es mich köstlich amüsierte, folgende Zeilen bei Lance Secretan zu lesen, der sich über die Kraft derjenigen Persönlichkeiten äußerte, denen Tausende von Menschen nachfolgten*:* ***„Wir wissen, dass Martin Luther King nicht gesagt hat: `Ich habe eine Strategie.´ Er rief: `Ich habe einen Traum!´"***

Mein erster großer Traum erreichte mich mit sechzehn. Ich saß 1984 vor dem Fernsehen und verfolgte die Olympischen Spiele von Los Angeles, sah die bunten Bilder im Fernsehen und hörte die Melodie von Lionel Richies Song *„All night long"*, und meine Augen glänzten. Für mich standen zu diesem Zeitpunkt zwei Dinge fest: Ich würde eines Tages bei den Olympischen Spielen dabei sein und einmal ein Lionel-Richie-Konzert besuchen. Letzteres gelang mir zwei Jahre später, wo ich mir eine Konzertkarte kaufte und eines der schönsten Konzerte meines Lebens erleben durfte. Doch ersteres gelang mir auch! Genau im selben Jahr, 1988, nahm ich an den Olympischen Spielen in Seoul/Südkorea teil und gewann mit einer Mannschaftsstaffel die Bronzemedaille, die niemand unter den ersten acht erwartet hätte. Für eine solche Favoritenposition waren die Einzelleistungen der Athleten viel zu schlecht. Unser Mut, unsere Einsatzbereitschaft und unser Glaube an uns und unser Team hatten uns gewinnen lassen.

Und wovon träumen Sie?

Wenn Sie wissen, wovon Sie träumen, dann setzen Sie sich kleine *Etappenziele*, so lange, bis Sie Ihren großen Traum erreicht haben!

Am einfachsten gelingt es, große Träume zu verwirklichen, wenn man sich in kleinen Schritten dem großen Ziel nähert. Als ich 17 Jahre alt war, lief ich die 400 m Hürden in 59 Sekunden. Zwei Jahre später benötigte ich für dieselbe Strecke nur noch 49 Sekunden. Jahr für Jahr steigerte ich mich, so dass ich bald zu den besten Läufern der Welt gehörte.

Setzen Sie sich *realistische* Ziele:
Achten Sie auf die Umsetzbarkeit Ihrer Ziele! Kein Hochspringer setzt sich die Latte sofort auf Rekordhöhe, sondern nähert sich seinem Ziel Stück für Stück.
Genauso wichtig ist es, auf die Vereinbarkeit der Ziele untereinander zu achten.
In Seminaren passiert es nicht selten, dass ein Teilnehmer für sich feststellt, er möchte am liebsten nur im Ausland unterwegs sein, aber gleichzeitig ein Häuschen auf dem Lande und eine Familie hat.
Überlegen Sie also verstärkt, was Ihnen wirklich wichtig ist! Selbst der größte Allround-Sportler beherrscht nicht alle Disziplinen gleich gut, sondern hat eine Königsdisziplin.

Trainieren Sie kontinuierlich und gründlich.

Acht kleine Lehrsätze

Nachdem das Bisherige unsere Aufwärmphase für den Weg zu uns selbst war, begeben wir uns jetzt direkt auf die Reise. Sie erhalten jetzt von mir Tipps für das tägliche Training.

1. Um Ziele erreichen zu können, brauchen Sie viel Übung und müssen viele Anstrengungen auf sich nehmen!

Mein ehemaliger Trainer und Leichtathletik-Idol Harald Schmid hat mit uns Läufern einmal die Woche ein so genanntes „K(otz)"- Training durchgeführt. Das hieß im Klartext: Wir mussten so lange und unter so großen Anstrengungen laufen, dass wir uns regelmäßig übergaben. Es hat uns jedes Mal Überwindung gekostet, das K-Training in Angriff zu nehmen, und dennoch haben wir es gemacht. Es war die beste Vorbereitung auf ausgesprochen anstrengende Situationen!
Überlegen Sie sich mal, was Ihr K-Training einmal die Woche sein könnte: Was müssen Sie üben, damit Sie für die größten Herausforderungen gewappnet sind? Manchmal können das auch ganz einfache Arbeiten sein, die uns überhaupt nicht von der Hand gehen wollen. Ich denke nur daran, mit wie viel Widerwillen ich regelmäßig meinen Schreibtisch aufräume.
Trotzdem bin ich immer sehr zufrieden, wenn als Belohnung die weiße Tischplatte, die unter Aktenbergen verschwunden war, wieder zu sehen ist. Lachen Sie nicht! Das ist für mich ein wirklich glückserfüllender Moment!

Genauso sollten Sie auch regelmäßig ihre Ziele und ihre Vision überdenken und in Angriff nehmen. Das erfordert viel Arbeit und regelmäßiges Training und auch die Bereitschaft, sich mit unangenehmen Aspekten auseinander zusetzen.

2. Nehmen Sie sich vor der Routine in Acht!

Es genügt nicht, dass Sie regelmäßig trainieren. Hüten Sie sich vor der Routine! Lassen Sie mich auch hier ein Beispiel anführen: Bei der Bundeswehr gibt es seit Jahren eine Eliteeinheit unter den Fallschirmjägern, die so genannten Cutaway-Springer. Diese springen aus unglaublich großer Höhe vom Flugzeug ab. Ich habe mir sagen lassen, dass diese mutigen Menschen mit Sauerstoffmasken sogar aus der Höhe von Linienflugzeugen abspringen können. Die Cutaway-Springer gleiten lange durch die Luft und öffnen spät den Fallschirm. Um nicht sofort auf dem feindlichen Radar geortet zu werden, sind die Soldaten mit Spezial-Fallschirmen ausgerüstet. Diese öffnen sich nicht von allein, sondern werden von dem jeweiligen Springer während des Fluges und im passenden Moment geöffnet. Bei diesen Fallschirmen ist eine Sicherheitsfunktion vorgesehen: Öffnet sich der erste Fallschirm nicht, so muss dieser von den Springern im Flug abgeschnitten werden. Dann kann mittels einer Mechanik ein weiterer Fallschirm geöffnet werden. Dieser Vorgang – ersten Fallschirm öffnen, abschneiden, zweiten Fallschirm öffnen – übten die Soldaten in ihren täglichen Trainings auf dem Boden. Zunächst ging auch alles gut.

Die Fallschirmjäger kamen wohlbehalten auf der Erde an, bis es die ersten Ausfälle gab. Es stürzte erst ein Fallschirmjäger ab, dann der nächste. Die Zahl der Unglücksfälle stieg an, und bei der Armee kam Unruhe auf. Zunächst vermutete man einen Materialfehler bei den Schirmen, doch man fand keinen. Schließlich wusste man sich nicht mehr zu helfen und zog Psychologen zu Rate, die sich mit der seelischen Konstitution der Springer auseinandersetzen sollten: doch auch hier schien alles in Ordnung. Es dauerte eine ganze Weile, bis einer der Psychologen auf des Rätsels Lösung kam: Zu *Beginn* der Ausbildung der Fallschirmjäger übten die Soldaten die Vorgänge „öffnen, schneiden, öffnen". Dann sprangen sie, und es schlich sich, wie es so oft im Leben ist, die Routine ein. Der wichtige Vorgang, das Abtrennen des ersten Fallschirms, wurde übersprungen, weil er nicht mehr geübt wurde und somit vergessen wurde, den ersten Fallschirm rechtzeitig abzuschneiden, so dass sich der zweite geöffnete Fallschirm im ersten verhedderte und nicht mehr öffnen ließ.

Soweit diese Geschichte und wieder eine provokante Frage:

Meinen Sie, ich hätte mit sechzehn Jahren aufgehört, das Über-die-Hürden-Laufen zu üben, weil ich ja schon die Technik kannte und konnte? Oder denken Sie an die Stabhochspringer, die vor jedem Sprung im Geiste ihren Lauf durchgehen, einmal und noch einmal.

Üben Sie, und üben Sie bewusst, auch wenn Sie es zum tausendsten Mal machen!

Wenn Sie wirklich bei sich sind, können Sie Fehler vermeiden.

3. Machen Sie genügend Pausen!

Konzentrieren Sie sich also auf Ihre Arbeit, und wenn Sie frei haben, dann haben Sie wirklich frei! Pausen sind ebenso wichtig wie die Arbeit, denn nur so können Sie wieder Energien auftanken. Auch lassen sich die Gedanken wieder in eine bessere Ordnung bringen. Wenn man sich gut erholt hat, dann geht alles viel leichter und schneller von der Hand. Sie sind wesentlich inspirierender. Vielleicht ist Ihnen auch einmal aufgefallen, dass Sie den einen oder anderen Menschen jahrelang für seine kreativen und auf den Punkt bringenden Lösungen bewundert haben, und von heute auf morgen scheint bei eben diesem Menschen nichts mehr von seinem Esprit vorhanden zu sein? Vielleicht erzählt er auch immer nur noch das gleiche?
Wen wundert es, wenn er all die Jahre keine Zeit dazu hatte, salopp gesprochen, seine Festplatte mit neuen Impulsen zu beliefern!

Sie denken: *„Das mag schon so sein, aber so viel Zeit habe ich gar nicht!"*? In Wahrheit haben Sie durch sinnvoll genutzte Ruhephasen mehr Zeit dazu gewonnen als verloren. Wenn Sie alle ihre Kräfte beieinander haben, geht Ihnen die Arbeit viel schneller von der Hand!

Dafür spricht auch die folgende Geschichte:
Ein paar Europäer machten sich auf eine Exkursion durch den Urwald. Geführt wurden sie von Einheimischen, die ihnen den Weg zeigten und sie beim Transport ihrer Habe unterstützten. Drei Tage lang zogen sie so durch den Busch. Am vierten Tage aber wollten die Europäer wie jeden Morgen ihr Nachtlager zusammenpacken und aufbrechen. Ihre Führer

machten jedoch keinerlei Anstalten, sich auch nur einen Zentimeter weit von ihrer Ruhestätte zu entfernen. Ein Europäer fasste sich nun ein Herz und fragte, warum sie denn jetzt nicht mehr weiterzögen. Da entgegneten die Führer: „Wir sind jetzt drei Tage am Stück gereist – wir müssen nun warten, bis unsere Seele nachkommt."

Wenn Sie mal wieder im Stress sind, denken Sie an diese Geschichte!

Inspirierend kann nur derjenige sein, der in Einklang mit sich selbst ist! Hierzu benötigen Sie ausreichend Ruhephasen.

4. Überwinden Sie Ihre Bequemlichkeit! Verlassen Sie Ihre Komfortzone!

Sie haben bei Ihren Überlegungen festgestellt, dass Sie eigentlich eine ganze Menge in Ihrem Leben ändern müssten, aber irgendwie lockt Sie das nicht so, und Sie lassen alles so, wie es ist?

Sie alle kennen bestimmt David Odonkor. Bei der Fußball WM 2006 war er ein Publikumsliebling. Sobald er auf dem Platz war, ging eine Bewegung durch das Team, seine willensstarke, positive Einstellung strahlte bis auf die Zuschauerränge ab. Jürgen Klinsmann hat an ihn geglaubt, und Odonkor hat ihn nicht enttäuscht. In Dortmund saß Odonkor in der letzten Zeit nur auf der Reservebank seines Vereins. Danach wechselte er nach Sevilla. Er ist mit Michael Ballack der Einzige aus der deutschen Nationalmannschaft, der ins Ausland gewechselt ist. David Odonkor sagt man nach, dass er ein empfindsamer Mensch ist und sehr an seinem Lebensmittelpunkt in Deutschland hängt.

Aber der junge Fußballprofi hat es gewagt, hat seine Komfortzone verlassen und ist den Weg nach Spanien gegangen. Der Ausgang ist ungewiss, aber er verspricht mehr als die Reservebank – wir drücken ihm ganz fest die Daumen!

In meinem Leben gab es auch solche Situationen, wo ich von liebgewordenen Gewohnheiten ablassen musste. Beispielsweise ergriff mich die unangenehme Erkenntnis, dass ich in den Kurven die Hürden immer mit dem falschen Bein zuerst überquerte, so dass ich wichtige Sekunden dabei vertat. Es gab für mich nur eine einzige Konsequenz: Ich musste mich umtrainieren!
Stellen Sie sich vor, Sie müssten als Rechtshänder aus irgendwelchen Gründen nun das Schreiben mit der linken Hand üben. Eine ebensolche Kraftanstrengung ist es auch, Ihr Lieblingssprungbein gegen das andere einzutauschen!

Analysieren Sie, wieso es Sie glücklicher machen könnte und welche Sekunden Sie sich dabei schenken, wenn Sie Ihre Komfortzone verlassen! Und dann verlassen Sie die Komfortzone!

5. Lernen Sie mit Angst produktiv umzugehen!

Haben Sie keine Angst davor, Fehler zu machen! Grundsätzlich ist Angst ein ganz normaler Zustand. Wir haben Angst davor, uns auf neue Situationen einzulassen. Wir bevorzugen das Vertraute. Wir haben Angst weiterzugehen.

Eine Stelle aus dem Buch „Der Alchimist“ von Paulo Coelho beschreibt diese Situation mit treffenden Worten: Der junge Hirte Santiago hat sich auf die weite Reise gemacht, um einen Schatz zu suchen. *„Mein Herz ist trügerisch”,* sagte er zum Alchimisten, als sie anhielten, um den Pferden eine Pause zu gönnen. *„Es will nicht, dass ich weitergehe.” „Das ist in Ordnung”,* entgegnete der Alchimist. *„Es beweist, dass dein Herz lebendig ist. Es ist ganz natürlich, Angst davor zu haben, alles, was man bereits erreicht hat, für einen Traum einzutauschen.”*

Und an anderer Stelle spricht die Stimme des Herzens:
„Selbst wenn ich manchmal ein bisschen klage”, sagte die Stimme des Herzens, *„schließlich bin ich ein Menschenherz, und diese sind nun mal so. Sie haben Angst davor, sich ihre größten Wunschträume zu erfüllen, weil sie denken, dass sie es nicht verdient haben oder es nicht erreichen werden.”*

Eine Situation, in der ich Angst hatte, und die ich dennoch gemeistert habe, spielte sich in einem so genannten Callroom direkt vor dem Wettkampf ab. Diese Situation ist mir noch genau so wie damals in Erinnerung geblieben. Zwanzig Minuten vor dem Wettkampf hatten sich die Athleten im Callroom einzufinden. Das ist ein kleiner Raum in den Katakomben der riesigen Stadien. Dort werden alle Leichtathleten hineinzitiert, um die letzten Kontrollen vor dem Wettkampf durchzuführen. Hier wurde auch dafür gesorgt, dass kein Leichtathlet mit irgendeiner versteckten Werbung auf dem Trikot oder auf der Hose den Platz betreten konnte.

Mein damaliger Trainer Harald Schmid hatte mir vorher die Anweisung gegeben: *„Edgar, wenn du es bis dahin nicht getan hast, dann sieh Edwin Moses nicht in die Augen!"* Natürlich hatte ich mir diese eindrucksvolle Warnung gemerkt, doch als es dann so weit war und ich mich tatsächlich im Callroom befand – die lange Wartezeit fiel mir wie immer schwer – da war es dann doch passiert:

Ich sah ein dunkles, stahlhartes und zum Sieg bereit blickendes Augenpaar auf mich gerichtet, so dass es mir in der Magengegend ganz mulmig zumute wurde. Meine Knie wurden ganz weich. Aber nachdem ich mir den Schrecken eingestanden hatte, besann ich mich auf mein Können, erinnerte mich an meine Vorbereitungen und ging dann, ohne mich nochmals umzudrehen, mit entschlossenen Schritten auf den Platz. Wären die Knie weich geblieben, hätte ich nach Hause gehen, ein Glas Milch trinken und mir den Wettkampf vom Fernseher aus ansehen können! Das wäre eine riesige Enttäuschung gewesen.

Ein ähnliches Beispiel, aber mit einem negativen Ausgang, stammt aus der Welt des Fußballs. Vielleicht haben Sie das Spiel damals am Fernsehen verfolgt. Es war das legendäre Spiel BRD gegen die DDR 1974. Das Team der BRD um die Weltstars Beckenbauer, Maier, Müller, das zwei Jahre zuvor den Europameisterschaftstitel glanzvoll errungen hatte, war der klar favorisierte Sieger. Keiner hätte je im Traum daran gedacht, dass in der 87. Minute die DDR das entscheidende Tor zum Sieg schießen könnte! Was war passiert?
Der Druck und die Angst zu versagen, die auf dem bundesdeutschen Team lasteten, waren einfach zu groß!

Es war nicht nur das Spiel zweier Mannschaften gegeneinander, sondern noch in den Zeiten des kalten Krieges ein Spiel der Systeme. Es spielten West gegen Ost, Freiheit gegen den Sozialismus. Die DDR-Spieler nutzten die Angst ihres Gegners als ihre Chance und schlugen zu.

Versuchen Sie, produktiv mit Angst umzugehen! Bauen Sie falschen Druck ab! Beherzigen Sie das für sich, aber auch im Hinblick auf Ihre Mitarbeiter!

6. Besitzen Sie eine Spur von Verrücktheit – Seien Sie mutig! Beschreiten Sie unbekannte Wege!

Wenn Sie jeden Tag immer nur das tun, was Sie bisher immer getan haben, dann dürfen Sie sich nicht wundern, dass die Ergebnisse so bleiben werden, wenn nicht noch schlechter werden. Ich will gar nicht bestreiten, dass es manchmal auch einer Spur Verrücktheit bedarf, einen neuen Weg zu beschreiten, aber nur so haben Sie die Chance, tatsächlich etwas zu verändern.
Ein eindrucksvolles Beispiel ist Dick Fosbury. Jahrelang war es in der Leichtathletik gang und gäbe, dass man die Hochsprunglatte mit einem Scherensprung überquerte. Er war der erste, der die Latte mit dem Rücken zuerst überwand und höher sprang als irgendein anderer Sportler zuvor.

Oder denken Sie an Wayne Gretzky, einen Eishockeyspieler, wie er im Buche steht, wahrscheinlich der erfolgreichste Spieler aller Zeiten.

Als man ihn in einem Interview mal befragte, was denn seinen Erfolg ausmachen würde, sagte er: **„Die meisten Spieler gehen dorthin, wohin der Puck sich bewegt, ich gehe dorthin, wo der Puck sein wird".**

Nur wer wirklich einzigartige Wege geht, kann auch einzigartige Ergebnisse erzielen!

7. Bereuen Sie nichts!

Harry Belafonte sagte einmal: *„Ich habe dreißig Jahre gebraucht, um über Nacht berühmt zu werden!"*
Als Sportler trainierte man sein ganzes Leben auf den Wettkampf hin; wann man den entscheidenden Sieg tatsächlich erringen wird, ist ungewiss. Die Freude aber, wenn Sie es endlich geschafft haben, ist unbeschreiblich! Sehen Sie sich nur die bewegenden Bilder derjenigen an, die bei den Olympischen Spielen auf dem Siegertreppchen stehen dürfen! Kein Wort der Welt kann diese Freude beschreiben.

Geben Sie also niemals auf und bereuen Sie nichts! Die Belohnung wird sehr schön sein!

8. Und zu guter Letzt die drei schönsten Worte mit dem Buchstaben „L" am Anfang...

...vergessen Sie sie nicht: **Leidenschaft**, **Lachen** und **Liebe**!

Verfolgen Sie alles, was Sie tun, mit Leidenschaft. Gehen Sie liebevoll mit sich und Ihren Mitmenschen um, und seien Sie ein fröhlicher Mensch!

Wir Deutschen denken immer, dass wir nur gute Leistung erbringen können, wenn wir uns so richtig dabei quälen. Klar – wir müssen uns zwischendurch immer mal einen Ruck geben und den inneren Schweinehund überwinden. Doch Sie dürfen niemals den Spaß am Leben verlieren! Bewahren Sie sich Ihre positiven Erinnerungen in Ihrem Herzen, freuen Sie sich über Ihre Erfolge, feiern Sie Ihre Etappensiege! Das wird Ihr Leben und auch das Ihrer Mitmenschen angenehmer gestalten. Erinnern Sie sich an den Zustand, als Sie einmal so richtig schön verliebt waren: Da ging doch alles gleich viel einfacher von der Hand, oder nicht?
In diesem Sinne wünsche ich Ihnen, dass Sie viel Freude an Ihrem Leben haben und Gottes reichen Segen auf Ihrem Weg zur Erfüllung Ihres Traumes!

Ihr Edgar Itt

Über Edgar Itt:

Edgar Itt war einer der erfolgreichsten Hürdenläufer, Medaillengewinner bei den Olympischen Spielen sowie bei Welt- und Europameisterschaften. Höhepunkt seiner Karriere war der Gewinn der Bronze-Medaille 1988 mit der Deutschen Staffel bei den Olympischen Spielen in Seoul. Nach seiner sportlichen Karriere schloss er das Studium der Betriebswirtschaftslehre ab und arbeitete in verschiedenen Managementpositionen. Seit 2000 führt Edgar Itt mit seiner eigenen Firma **EDGAR ITT GROUP - COACHING FOR LEADERSHIP** Seminare, Coachings und Vorträge für Führungskräfte und Mitarbeiter durch.
Sein Thema ist es, Führungskräfte zu ihren persönlichen Spitzenleistungen im Beruf zu führen. Dabei überträgt Edgar Itt in seinen Seminaren und Vorträgen die Techniken des Spitzensports auf das Berufsleben und zeigt auf, wie Erfahrungen aus den Bereichen Hochleistungssport, Persönlichkeitsstruktur und Wertesystem auf den Alltag anwendbar sind. Erfolgreiche Techniken des Höchstleistungssports wie Zielsetzung, Motivation, Verantwortung und Disziplin sind dabei elementare Themen.
Aus seinem großen Erfahrungsschatz als Sportler und Coach gibt er Anleitung, wie es möglich ist, mit wachsenden Erwartungen im beruflichen und privaten Umfeld umzugehen und Hürden zu überwinden.

Die 13 Grundregeln zum eigenen Erfolg

Die 13 Grundregeln des Erfolgs

In den letzten Jahren hatte ich die Möglichkeit, viele, ja sehr viele wirklich erfolgreiche Menschen kennen zu lernen. Ich lauschte ihren Ausführungen, las in ihren Augen, schrieb auf, was sie sagten, merkte mir, wie sie sich bewegten, studierte ihre Geisteshaltung und erlebte ihre Begeisterung für das, was sie taten. Daraus setzte sich in mir ein Bild von dem zusammen, was erfolgreiche Menschen ausmacht. Ich glaube nun, sehr gut zu wissen, was sie tun und was sie antreibt.
Diese Erkenntnis möchte ich mit Ihnen teilen. Ich nenne sie
„die 13 Grundregeln des Erfolgs“.

Regel 1: Erfolg ist vorhersehbar

Alles hat einen Grund

- Ob sie Termine mit Kunden haben oder nicht
- Ob sie Einfluss besitzen oder nicht
- Ob sie ein überdurchschnittliches Einkommen generieren oder nicht
- Ob ihre Familie „mitzieht“ oder nicht
- Ob sie Ziele haben oder ob sie keine Lebensplanung besitzen
- Ob sie mutig sind und Neues wagen oder eben nicht
- Ob sie Selbstwertgefühl besitzen oder unter Ängsten leiden
- Ob sie aus ihren gewohnten Lebensumständen ausbrechen oder nicht
- Ob sie sich von Niederlagen beirren lassen oder nicht

– es gibt einen Grund!

Für alles gibt es einen Grund.

Das heißt für Sie: **Suchen Sie den Grund.**

Liegt er in Ihnen selbst oder sind es die äußeren Umstände, die Sie dazu bewegen, sich nicht zu bewegen? Machen andere Menschen Ihnen das Leben schwer? Nehmen Sie sich Niederlagen und Fehlschläge zu sehr zu Herzen? Haben Sie Angst davor, Fehler zu machen? Fehlt Ihnen der Mut, immer wieder neu anzufangen?

Egal, was es ist: Suchen Sie den Grund – oder die Gründe! Wenn Sie die Gründe gefunden haben, dann fragen Sie sich: *„Was kann ich machen, um diese Zustände zu ändern?“*

Die Zustände zu ändern, die Ihren Erfolg behindern, ist der erste Schritt zu einem besseren Gelingen.

Und wenn Sie die Zustände nicht beeinflussen können? Dann wechseln sie Ihre Sichtweise, orientieren Sie sich neu. Denn jeder Mensch hat das Recht, erfolgreich zu werden.

Es werden Kinder geboren, keine Gewinner oder Verlierer.

Für alles gibt es einen Grund!

Suchen Sie den Grund.

Regel 2:
Entweder sie schaffen sich die Umwelt, sonst schafft die Umwelt Sie

Die 90 %-10 % Regel

Das klingt wieder spannend könnten Sie denken. 90 % -10 % Regel – nun was ist denn das wieder?

Es klingt schon phantastisch. In jedem Unternehmen, in dem ich aktiv als Berater, Coach oder Trainer sein durfte, gab es Mitarbeiter und Mitstreiter, die sehr erfolgreich in ihrem Gebiet als Berater, Führungskraft oder Verkäufer waren. Sie gehörten zu den 10 % der Besten. Oft hatten sie das Vielfache des Umsatzes der „normalen" Vertriebsmitarbeiter, mehr Erfolg in der Führung und Spaß an der Arbeit, obwohl sie dieselben Kundendaten, Produkte und Strategien zur Verfügung hatten.

Ich fragte oft die „Normalos", also diejenigen, die zu den 90 % der Berater und Verkäufer zählten, woran das läge.

Oft kam als Antwort: *„Ja die haben Glück, wenn ich lange genug dabei bin kann ich das auch locker schaffen, die haben einfach bessere Kunden"* und so weiter und so fort.

Ich stellte dann immer nur eine Frage: *„Glauben Sie, dass es in jedem Unternehmen solche „Stars" gibt?"* Die Antwort war im Prinzip immer ein klares: *„JA."*

Ich sage dann gern: *„Wenn Sie akzeptieren, dass es auch in Ihrem Unternehmen echte „Gewinner" gibt, dann haben Sie automatisch akzeptiert, dass Sie auch zu den besten 10 % der Berater und Verkäufer in Ihrem Unternehmen gehören könnten. Wo stehen Sie denn gerade? Bei 30 %, 50 %, oder 70 % Ihres Erfolges?"*

Es steht doch nur eine einzige Frage im Raum. Was machen diese erfolgreichen Kollegen, was Sie nicht tun?!
Beobachten Sie, wie diese 10 % der erfolgreichen Menschen denken und handeln und machen Sie dies genauso. Sie sollten allerdings dabei authentisch bleiben.
Dann können Sie Misserfolge nicht ausschließen, aber riesige Erfolge „einfahren". Sie werden von einem **„Misserfolgsvermeider"** zu einem Erfolgsgaranten!
Lernen Sie von den besten 10 % Ihrer Kollegen, dann werden Sie auch bald dazu gehören. Denn Sie sollten einfach nur das tun, was diese „Stars" tun und schon sind Sie „oben". Ein Tipp: Bleiben Sie sich dabei immer treu und ahmen Sie nichts nach. Nutzen Sie die „Denkweise" und die Methoden der Besten, bleiben Sie aber immer Sie selbst, d. h. bleiben Sie sich treu.

Regel 3: Ursache und Wirkung

Jede Aktion hat eine Reaktion

Kennen Sie das? Sie gehen vergnügt einkaufen und werden im Kaufhaus angesprochen und gefragt: *„Was kann ich für Sie tun?"*

Ihre Reaktion ist die, die die meisten Kunden anzubieten haben: *„Nein ich schaue nur!“*

Schon erlebt? Ja klar. Eine blöde Kundenansprache sorgt eben für eine noch blödere Antwort. Für mich, ehrlich gesagt, ist dies wirklich völlig unverständlich, denn wenn ich bemerken würde, dass nach fünftausend blöden Kundenansprachen immer noch fünftausend mal noch blödere Antworten kämen – ich glaube, ich würde die Kundenansprache umstellen.

Nicht so in unseren Kaufhäusern. Da scheint es gerade Usus zu sein, immer so blöd weiter den Kunden zu fragen.

Deshalb sage ich gerade heraus auf die Frage, was kann ich für sie tun: *„Kratzen Sie mir bitte den Rücken oder tragen Sie bitte meine Tasche“*. Nach kurzem erstaunten Blick lachen alle los, und ich werde bestens bedient.

Sie bemerken schon: Wenn ich mich unprofessionell verhalte, erhalte ich auch eine ungenügende Antwort. Alles hat seine Ursache und seine Wirkung!

Wieso stellen Menschen eine vermeintlich blöde Frage, wenn Sie wissen, dass es nichts bringt? Ich denke, Sie wollen nur höflich sein und kennen es einfach nicht besser.

Noch prägnanter ist die folgende Geschichte, die sich in einer Mitt-dreißiger-Diskothek abspielte. Ich beobachtete, wie ein jung gebliebener Mann auf eine Frau zuging, um sie zum Tanzen aufzufordern. Er sagte zu ihr: *„Guten Abend, kennen wir uns nicht von früher?“* Was das Gesicht der jungen Dame aussagte, möchte ich Ihnen ersparen, aber nach voller Hingabe sah es nicht aus! Er erhielt eine klare Absage.

Ich nahm mir den leidgeprüften Mann zur Seite und fragte ihn, ob da etwas mit der „Kundenansprache“ nicht so geklappt hätte? Er bejahte ernüchtert.

Als leidenschaftlicher Verkäufer, der ich nun einmal bin, gab ich ihm einen Tipp und bat ihn, es nochmals zu versuchen. Nach einigem Hin und Her wagte er es – und siehe da, sie gingen tanzen.

Was war der Tipp, werden Sie sich fragen? Nun, ganz einfach. Ich riet ihm, folgendermaßen vorzugehen:

Zuerst fragen sie die nette Frau bitte nach der Uhrzeit. Sie wird garantiert antworten.

Sagen sie dann den Satz: *„Danke – ich möchte nur, dass wir genau wissen, wann wir uns kennen gelernt haben“,* und sie wird lachen.

So war es dann auch!

- **Gute Kundenansprachen, gute Ergebnisse.**
- **Blöde Kundenansprache schlechte Ergebnisse – so einfach ist es!**

Eine gute Kundenansprache bringt den Angesprochenen in die Lage, gut und positiv zu reagieren. Es ermöglicht ihm, seine Meinung und Antwort schnell zu finden und klingt nicht „abgedroschen“ und so wie man sie immer hört, sondern individuell. Gute Kundenansprachen aktivieren den Menschen zum Handeln, schlechte nicht.

Regel 4: Simplify

Einfach einfach und klar kommunizieren

In einer Zeit, in der wir mit immer mehr Informationen, Fakten und Daten überschüttet werden und wir Schwierigkeiten haben, eins vom anderen zu unterscheiden, gibt es einen neuen Megatrend: Einfachheit.
Ein Beispiel dafür ist die bekannte T-Com-Werbung: *„Einfach komplett, komplett einfach."*

Wir können ja kaum noch sagen, was wir gestern im Fernsehen gesehen haben, was wir im Autoradio hörten oder in der Zeitung auf Seite fünf lasen.
Unser Gehirn wird mit viel sinnlosem Zeug überschüttet, und das meiste davon geht uns einfach wieder verloren. In einer so schnelllebigen Zeit ist es für professionelle „Selbstvermarkter" und Verkäufer wichtig zu erkennen, dass im Verkauf klare Worte, unkomplizierte, einfache Kommunikation und zielgerichtetes Fragen mehr bringen als Fachchinesisch und ambitionierte Wissensvermittlung.
„Sie sollen den Kunden *nicht ausbilden, sondern ihm etwas verkaufen"*, rufe ich oft den Teilnehmern in meinen Seminaren zu.
Steffen Bühring aus Berlin, ein „alter Verkaufshase" und guter Freund, beschreibt es so: *„Ein Fachidiot schlägt Kunden tot!"*
Dabei meint er nicht, dass Sie notwendige Informationen vernachlässigen oder gar ganz auf sie verzichten sollten. Das gilt aber eben nur für notwendige Informationen.

Bei den Top-Piloten in der Bundeswehr gilt ein einfaches System im Einsatz in der Luft. *„Ich brauche immer nur die Information, die ich gerade jetzt für meine Entscheidung benötige. Alles andere kann ausgeblendet sein. Es lenkt nur ab“.*
Sie sehen, selbst bei den Piloten hat sich herumgesprochen, dass das Notwendigste an Informationen reicht.

Sagen Sie dem Kunden nicht, was Sie können und was Sie wissen, sondern sagen Sie ihm, was **er** davon hat.
Machen Sie dem Kunden seine Entscheidungen leicht, denn kaum ein Kunde in der heutigen Zeit hat Lust und Zeit, sich ausgiebig mit Ihren Fachbegriffen auseinanderzusetzen. Ausnahmen bestätigen natürlich die Regel.

Ich erlebte dies in einem Autohaus am eigenen Leibe. Der Verkäufer war wirklich spitze und verstand es, mir den Wagen schmackhaft zu machen. Doch irgendwann – ich hatte es bereits geahnt – sagte er: *„Und dieser Wagen hat zwei oben liegende Nockenwellen, die die tolle Fahrdynamik und Laufruhe des Motors erst ermöglichen.“*

„Oha“, dachte ich, *“Toll, dass ich das nun auch weiß“.* Sie können sich schon fast denken, was dann passierte.
„Sagen Sie“, so meine Frage, *„ich glaube das nicht, kann ich diese Nockenwellen bitte mal sehen?“*
Den darauf folgenden Gesichtsausdruck werde ich mein Leben lang nicht vergessen, denn nun stand da ein Häufchen Unglück vor mir und

musste mir erklären, wieso dies doch recht kompliziert sei, um nicht zu sagen unmöglich.
Zum Glück habe ich ihn schnell aufgeklärt, was ich beruflich mache, sonst wäre er womöglich noch suizidgefährdet in den Pausenraum gestolpert. Doch es ging mir nur darum, ihn darauf aufmerksam zu machen, dass mir als Kunde seine Informationen wirklich nicht weitergeholfen haben.

Merken Sie sich also: ***„Fachidiot schlägt Kunden tot!“***

Regel 5: Zuverlässigkeit

Qualität fängt mit Qual an

Heute schreiben unzählige Zeitungen von CRM und modernem Kundenbeziehungsmanagement. Sicher ist dies alles notwendig und in vielen Fällen auch sinnvoll.
Ich denke dazu: Das beste Kundenbeziehungsmanagement ist eines, das dem Kunden das Gefühl gibt, in den „richtigen Händen“ zu sein.
Keine IT-Lösung, keine Philosophie in einem Unternehmen, kein Outlook kann leisten, was ein guter Verkäufer und eine gute Führungskraft leisten kann.

Herr Ralf Bade (die rechte Hand vom Geschäftsführer der GMWmbH
Dr. Frank Keller) hat mir folgendes in mein Stammbuch geschrieben:

„Ehrliche und auf Kompetenz basierende Arbeit mit und für den Kunden: das bringt langfristige Kundenbindung und Erträge.

Qualität in der Vermittlung von Wissen, Zuverlässigkeit, Klarheit und wahrheitsgemäße Kommunikation machen zwar Arbeit, fördern aber im Endeffekt langfristige Beziehungen. Und das ist es doch, was wir wollen!"

Regel 6: Machen Sie sich beliebt

Die Hundetaktik

Als ich das erste Mal von dieser „Taktik" hörte, war ich etwas verblüfft.
„Hundetaktik?"
„Ja, klar – mach dich beliebt!"
Weshalb haben Menschen Hunde? Die freuen sich, wenn man nach Hause kommt, die fressen, was man ihnen hinstellt, die hören auf uns und sind lieb. Die „springen", wenn man möchte; sitzen, wenn man will und machen „Platz" auf Befehl. Der Hund ist wohl wirklich das einzige Tier, was das tut, was man als Halter möchte und dafür regelmäßig sein Futter bekommt. Ein Schaf dagegen wird geschoren, ein Huhn legt Eier, die Kuh gibt Milch und Fleisch, das Schwein wird zerlegt und der Hummer wird sogar bei lebendigem Leibe gekocht.

Machen Sie sich also beliebt! Loben Sie die Menschen in Ihrem Umfeld, seien Sie zuverlässig und dem Kunden treu ergeben, leben Sie ehrlich und machen Sie anderen Menschen nichts vor – früher oder später wird es sowieso bemerkt. Fairer Umgang mit anderen Menschen, klare Kommunikation und Anerkennung für geleistete Arbeit sorgen dafür, dass andere Menschen Sie mögen und Ihnen vertrauen. Die beste Basis also, um Ihren Erfolg herzustellen und langfristig zu sichern!

Regel 7: Networking

Machen Sie keine unnützen Bekanntschaften

Netzwerke zu schaffen ist sicher einer der ergiebigsten Wege, eigene Erfolge möglich zu machen. Wir brauchen immer Menschen in unserem Umfeld, die uns helfen, die uns zur Seite stehen, wenn wir sie dringend brauchen, ob privat oder geschäftlich.

Wie oft aber habe ich erlebt, dass Menschen mit negativen Einstellungen zusammenstanden, ihre Gedanken austauschten und am Ende zu dem Schluss kamen: Es ist sowieso alles egal.
Der eine „Negative" fing an und der nächste reihte sich ein. Ich dachte: *„So etwas brauche ich nicht in meiner Gegenwart."* Denn geäußerte negative Gedanken müssen ja vorab im Gehirn präsent gewesen sein. Diese gesamte Suppe von negativen Sätzen und Gefühlen wirkt aber mit der Zeit stark in uns nach, und wir haben kaum eine Chance, uns davon zu befreien.
Auf die Idee kam ich nicht als Einziger. Vor vielen Jahren lernte ich einen guten Freund und Partner kennen.
Sein Name ist Christian Schoof, er ist Direktor bei AWD. Er sagte zu mir. *„Karsten, wenn du dich mit positiven Menschen umgibst, wirst du positiv, wenn du dich mit negativ denkenden Menschen umgibst, denkst du bald negativ".*
Als ich dies erkannte, habe ich eine folgenschwere Entscheidung getroffen, die ich Ihnen von ganzem Herzen weiterempfehlen möchte:

Lösen Sie sich von Menschen, die Fehler und Unvollkommenheit geradezu herbeisehnen, die in allem immer wieder einen Haken vermuten, und umgeben Sie sich stattdessen mit Menschen, die klare Ziele haben und die dafür die passenden Lösungen suchen!

Es ist eine Wohltat für die Seele und ein Labsal für den Geist, Menschen um sich zu haben, die gut zu sich selbst und zu anderen sind.
Ich möchte Ihnen also Mut machen, auch diesen Schritt zu gehen. Sie werden schon sehr bald sehen, fühlen und erkennen, wie gut auch Ihnen dies tut!

Wir leben im Allgemeinen nur einmal, und in dieser Zeit haben wir das Recht auf Glück und Zufriedenheit.

Regel 8: Dominostrategie

Empfohlen werden Sie nur nach einer empfehlenswerten Leistung

Nichts ist wichtiger als immer wieder neue Kunden zu gewinnen. Carsten Maschmeyer sagte 2006 in einem Fernsehinterview zur weiteren Expansion von AWD: *„Ein Unternehmen, das nicht wächst, ist zum Untergang verdammt.“* Dem stimme ich vorbehaltlos zu.
Auch wenn diese Weisheit wirklich nicht neu ist, so erlebe ich doch sehr oft und in den verschiedensten Unternehmen Verkäufer, die denken: Bei mir ist das anders. Aussagen wie *„Ich habe genug Alt-Kunden“*, *„Kundenpflege ist das Wichtigste“* oder *„Ich mache gute Bestandsarbeit, davon kann ich super leben“* sind häufig zu hören.

Meist, so stelle ich in der Praxis fest, liegt die Konzentration auf Bestandskunden nur darin begründet, dass sie gar keine Referenzen bekommen, geschweige denn Empfehlungen vom Kunden erwarten oder verlangen, obwohl es ihr gutes Recht wäre.

Kennen Sie das? Sie haben einen guten Job gemacht und sind zufrieden. Nur eines fehlt noch: eine Empfehlung!

Nach meiner Erfahrung werden Menschen nur selten weiterempfohlen, aber dafür gibt es einen einfachen Grund:
Weil sie nicht danach gefragt haben.

Wer sich scheut, nach einer Empfehlung zu fragen, hat seinen Job als Verkäufer noch nicht wirklich verstanden. Es stellt sich doch eine spannende Frage: Wer ist für die Expansion eines Unternehmens zuständig: Das Call-Center? Die Führungsebene? Die Marketing-abteilung, der Vertriebsleiter? Wohl kaum!
Dafür sind Verkäufer immer selbst zuständig. Sein Verkaufsgebiet „abzuschöpfen" ist immer die Sache des Beraters und Verkäufers. Wieso frage ich also nicht nach einer Empfehlung, wenn ich meinen Job gut gemacht habe?
Die Antwort liegt auf der Hand: Ich habe Angst vor der Ablehnung. Ich will kein „Nein" hören. Ich will nicht wie ein Bettler dastehen. Ich will nicht kämpfen müssen.

Und da haben wir es wieder – *„Ich will* ***nicht****"!* Wieder denken wir, was wir nicht wollen, anstatt die Frage zuzulassen: *„Was will ich denn?"*

Die blanke Angst vor Ablehnung und vor dem *„Nein“* verhindert eine klare Aussage zum Empfehlungsgeschäft. Ja, Empfehlungsgeschäft! Denn es ist ein elementares Geschäft, das da betrieben werden muss. Es gehört ebenso dazu wie Beratung, Konzepterstellung oder Planung. Kein Verkaufsgespräch darf stattfinden ohne ein Empfehlungsgespräch mit dem Kunden.

Nur eine Frage ist in Bezug auf das Empfehlungsgespräch zulässig: Was spricht aus Sicht meines Kunden dafür? Also: Was spricht für mich? Was macht mich für den Kunden so wertvoll? Fragen Sie dies den Kunden, und er wird es Ihnen sagen! Dann geht der Rest von ganz allein.

Regel 9: Prioritäten

Prioritäten erkennen Sie am besten an den Folgen

Menschen haben Wünsche und Ziele. Die meisten Menschen, die ich kennen gelernt habe, haben eher Wünsche als Ziele. Denn sie wissen nur, was sie *nicht* wollen. Daraus Ziele abzuleiten, ist schier unmöglich. Sie hinterfragen nicht, was zu tun ist, sondern nur, was zu unterlassen ist.

Wenn Sie erfolgreiche Menschen kennen lernen, dann werden Sie feststellen, dass diese Menschen wissen, was sie wollen. Sie setzten sich Prioritäten.
Erst haben sie eine Vision. Daraus leiten sie Ziele ab und schauen dann, was zu tun ist, um diese Ziele zu erreichen.

Dabei geht es nicht in erster Linie um Dringlichkeit, sondern eher um die Frage: Was bringt mir die Sache, wenn ich es tue? Was passiert, wenn ich es unterlasse?

Fragen wie:

- **Welche Folgen hat mein Handeln?**
- **Was passiert, wenn ich das unterlasse?**
- **Was passiert, wenn ich etwas unternehme?**
- **Was kann im besten Fall passieren?**
- **Was im schlimmsten Fall?**

...sind Fragen, die Sie weit nach vorn bringen werden. Wenn Sie ehrlich mit sich umgehen, werden Sie erkennen, dass unschätzbare Potenziale in Ihnen schlummern, die nur von Ihnen selbst geweckt werden können.

Regel 10: Tombolaprinzip

Lernen Sie viele Menschen kennen

Egal, in welcher Position, in welchem Gebiet oder in welchem Unternehmen Sie arbeiten – zu Menschen Kontakte knüpfen zu können, ist ausschlaggebend für Ihre Karriere.

Jeder, der Erfolg hat, hat viele gute Kontakte. Ob es nun die Kollegen im eigenen Unternehmen sind oder Kunden. Neukunden zu gewinnen, ist für jedes Unternehmen überlebenswichtig. Nur indem sie ständig ihr Umfeld erweitern, können Unternehmen expandieren, den Gewinn steigern und die Zufriedenheit und Sicherheit der Mitarbeiter erhöhen. *Denn Unternehmen leben ja bekanntlich nicht davon, dass sie etwas herstellen, sondern davon, dass sie das Hergestellte verkaufen.* Und dazu bedarf es der Kunden. Je mehr Kunden Sie gewinnen, desto mehr werden Sie gebraucht. Je mehr Sie von Mitarbeitern und Kunden gebraucht werden, umso mehr werden Sie Karriere machen.

Verlieren Sie einen Kunden, ist das erst einmal nicht so schlimm. Wenn er dies aber anderen Menschen erzählt und diese auch das Unternehmen wechseln, kann es dramatisch werden, wenn Sie nicht in der Lage sind, Neukunden zu gewinnen!

Regel 11: Vervielfältigung

Wer eine Pilzsuppe essen will, muss sammeln gehen

Ich denke, dass die Expansion eines Unternehmens die beste Strategie ist, um (fast) unantastbar zu werden. Neue Mitstreiter zu gewinnen ist der einfachste Weg, groß zu werden. Machen Sie Ihre Mitarbeiter erfolgreich und Sie werden es auch.

Ich gebe meinen Seminarteilnehmern gerne den folgenden Vergleich, den ich im Jahre 1994 von einem der besten Verkäufer und Trainer, den ich je kennen gelernt hatte, bekam. Herr Hans D. Schittly sagte in seinem Seminar: *„Gute Leute zu finden ist wie in die Pilze zu gehen.* Sammeln Sie doch erst einmal alles, was Sie finden, und lassen Sie dann einen Profi heraussuchen, was man essen kann und was nicht. Wenn Sie selbst vorselektieren, kann es passieren, dass Sie auch gute Pilze am Wegesrand stehen lassen und im schlimmsten Fall zertreten."

Gute Mitstreiter sind schwierig zu finden, eine zu frühe eigene Beschränkung bei der Auswahl von Bewerbern kann zu echten Verlusten führen.

Dafür haben fast alle Unternehmen eine spezialisierte Bewerberauswahl oder ein Assessment-Center.
Gehen Sie davon aus, dass darin der richtige Mitstreiter oder die richtige Mitstreiterin schon gefunden wird.

Denken Sie demnach brutto bei der Mitarbeiterfindung und nicht netto. Es wird sich bezahlt machen.

Regel 12: Planung

Wer seine Zukunft nicht plant, hat keine selbstbestimmte Zukunft

Der Homo sapiens ist wohl der Erfinder des Prinzips Hoffnung.
Vor ihm gab es so etwas wahrscheinlich nicht. Ich denke, dass ein menschliches Leben ohne Planung ein verschenktes Leben ist. Denn wer sich nicht selbst führt, wird von anderen geführt. Wer sein Leben nicht selbst plant, lebt nach dem Plan anderer Menschen.
Ich las vor geraumer Zeit einen sehr interessanten Zeitungsartikel. Dort wurde eine junge Beamtin der Polizei, sie war um die 24 Jahre alt, befragt, wie sie sich als Begleitperson des aktuellen Castor-Transportes fühle. Sie antwortete: *„Sehr unwohl“*.
Denn sie wisse nicht genau, ob der Transportbehälter wirklich strahlensicher sei.

Und sie wolle ja noch Kinder bekommen und habe deshalb so ihre Sorgen und mache sich ihre eigenen Gedanken. Aber sie könne das ja nicht beeinflussen, denn sie habe nur Befehle zu befolgen.
Was hat der Reporter nicht gefragt? Wieso sie das tut. Sie kann doch kündigen!
*Alles hat eben seinen Preis – und sie war **nicht** gewillt, diesen Preis zu bezahlen.* Für eine Pension, die auch nicht mehr wirklich sicher ist, setzte sie ihre Gesundheit aufs Spiel.
Ich weiß, dass nicht alles planbar ist, vorhersehbar und vorhersagbar. Allerdings ist das, was Sie planen können, immens groß.

- **Was werde ich in der Zukunft tun?**
- **Was werde ich unterlassen?**
- **Wie werde ich leben?**
- **Wo werde ich leben?**
- **Was kann ich erreichen?**
- **Wie gestalte ich meinen Erfolg?**

Das alles sind Beispielfragen, die aufzeigen: Sie sind in der Lage zu bestimmen, wo es in Ihrem Leben langgeht. Sie sollten nur Antworten finden und sich dann an die sich abzeichnenden Wege halten.
Ist das einfach? Nein.
Lohnt es sich? Ja!

Regel 13: Verantwortlichkeit

Es sitzen immer alle in einem Boot

Jeder im Unternehmen ist mitverantwortlich, ob es nun ein großer Konzern oder ein kleines, mittelständisches Unternehmen ist. Es gibt aus meiner Sicht keinen einzigen Mitarbeiter, der sich aus der Verantwortung stehlen kann.

Vor vielen Jahren wohnte ich in einem Haus mit Fahrstuhl. Da dieser oft defekt war, wurde regelmäßig ein Aufzugsmonteur des Unternehmens gerufen, um ihn zu reparieren.

Nach schon kurzer Zeit hörte ich im Haus einen Satz, der mich prägen sollte. Es wurde nämlich nicht gesagt, der Monteur, der sein Handwerk anscheinend nicht beherrschte, sei eine Pfeife, sondern das Unternehmen, in dem er arbeitete, sei Mist.

In kürzester Zeit wurde hier eine Verallgemeinerung vorgenommen, die ich nicht nachvollziehen konnte.

Daraus können Sie viel lernen. Egal, wer im Unternehmen arbeitet, ob am Telefon, im Sekretariat, im Vorstand, im Call-Center, als Berater, als Verkäufer oder einfach als Monteur: Wir werden alle *„über einen Kamm geschoren“*.

Deshalb diese wichtige Regel. Es sind immer alle Mitarbeiter gemeinsam verantwortlich.

Niemand kann und darf sich aus dieser Verantwortung stehlen.

Eine Kultur von klarer Verantwortung ist entscheidend für jeden Erfolg.

Es ist strategisch wichtig für ein Unternehmen, ja überlebenswichtig.

Raum für Ihre Notizen

Gute Beziehungen entstehen durch gute Kommunikation

Gute Beziehungen entstehen durch gute Kommunikation

Es war Donnerstag, der 09. März 2006. Ich hatte das Vergnügen, mit Edgar Itt in Hamburg ein Seminar abzuhalten. Ein verheißungsvoller toller Seminartag – mit dann doch einigen Turbulenzen.
Was war passiert? Als wir in das Unternehmen kamen und unsere Seminarräume aufsuchten bot sich uns ein sehr unglückliches Bild. Die Räume waren nicht seminartauglich eingerichtet, die Technik nicht vorhanden, der Kaffee für die Seminarteilnehmer noch zu kochen, die Metaplanwände fehlten und so weiter. Also der ganz normale Wahnsinn.
Die Ansprechpartnerin für die Seminarbetreuung Frau Pain (Name geändert) hatte für uns keine Zeit, denn sie saß mit ihren Kollegen beim Frühstück. Nach der Bitte uns zu helfen, haben wir prompt die klare und sehr deutliche Antwort bekommen: *„Holen Sie sich doch bitte einen Schiebewagen beim Pförtner, um Ihr Equipment in den Seminarraum zu bringen. Sie können danach zu mir kommen und den Moderatorenkoffer übernehmen, und wenn Sie noch etwas brauchen, dann scheuen Sie sich nicht zu fragen. Die Unterschriften für die an Sie übergebenen Sachen und Schlüssel leisten Sie sofort hier und den Umbau der Räume, also die Tische und Stühle, können Sie selbstverständlich auch selbst gestalten“.* Auf meine Frage, ob mir jemand von den fünf männlichen Kollegen, die auch am Frühstückstisch saßen, helfen könne, kam auch prompt die Antwort:
„Nein! Die Kollegen haben es am Rücken“.

Das erinnerte mich stark an Hape Kerkeling, nur der ist Komiker, der darf so etwas sagen.

Da es 25 Minuten vor Veranstaltungsbeginn war, können Sie sich vorstellen, dass wir ganz schön ins Schwitzen kamen. *„Aber, so ist es eben manchmal, wenn es keine Zuständigen gibt“*, dachten wir und machten uns an die Arbeit.

Am Mittag wurden wir mit ernster Miene auch noch von Frau Pain nachdrücklich darum gebeten, ihr die Schlüssel und den Moderatorenkoffer am Seminarende persönlich zu übergeben.

„Klar“, war unsere Antwort, *„machen wir“*. Sodann war sie wieder verschwunden.

Es kam wie es kommen musste. Der Seminartag ging zu Ende, und so gegen 18:30 Uhr räumten wir unser ganzes Equipment wieder zusammen. Bei der geplanten Übergabe der Schlüssel und des Moderatorenkoffers stellte sich nun heraus, dass die gute Frau Pain schon in ihrem wohl hart erarbeiteten Feierabend entschwunden war. So nahmen wir die Lösung in die eigenen Hände.

Zu unserem Glück war die Lobby des Unternehmens noch besetzt. Wir übergaben alles dem Pförtner mit dazugehörigen freundlichen Zeilen an Frau Pain, und das, obwohl sie es sich nicht wirklich verdient hatte.

Am späten Abend fuhren wir noch nach Berlin und redeten bis in die Nacht hinein. Edgar übernachtete bei mir, da er noch am selben Abend in Hamburg erfahren hatte, dass er in Berlin einen „Blitzvortrag“ in einem renommierten deutschen Unternehmen halten durfte. Der Redner war erkrankt und Edgar sprang ein.

Es war Freitag, der nächste Morgen genau um 07:00 Uhr, als das Telefon klingelte und Edgar weckte.

Eine Frau Pain aus Hamburg, die uns ja nun bestens bekannt ist, meldete sich sehr erbost in einer sehr unhöflichen, ja frechen Art und Weise. Edgar wurde informiert, dass ein Moderaratorenkoffer verschwunden sei und die Raumschlüssel nun auch weg wären. Sie sagte wortwörtlich: *„Wie stellen Sie sich vor, wie wir das hinbekommen sollen?"*
Edgar, ein eher ruhig und besonnen handelnder Mensch sagte klar und in höflichen Worten: *„Guten Morgen Frau Pain. Der Moderatorenkoffer und die Raumschlüssel sind beim Pförtner hinterlegt."* Sie antwortete energisch: *„Ich werde das prüfen. Guten Tag".*
Edgar war baff und jetzt wirklich wach.

Wir unterhielten uns beim Frühstück darüber. Ich rief daraufhin Frau Pain an und erkundigte mich nach dem Verbleib der Utensilien. Sie sagte, dass alles in Ordnung sei und sie erwarte in Zukunft informiert zu werden. Ende der Geschichte.
Was ist die Quintessenz aus diesem Erlebnis?
Wer so mit Menschen umgeht, wer so mit Kunden umgeht, der verkompliziert nicht nur gute Beziehungen, nein, er zerstört sie. Wir sind froh, dass wir diese Frau niemals wieder sahen, denn so wollten wir uns nun wirklich nicht behandelt wissen.

Wenden wir nun unseren Blick auf gute Kommunikation. Neulich saß ich in dem Wartezimmer meines Zahnarztes. Wer will, greift in den Stapel Zeitschriften. Ich wollte. Ein Autor fragte die „Lieben Leserinnen und Leser", warum sie mehr Wissen über Kommunikation haben müssen.

Es sei schließlich eine *‚berechtigte, ja spannende Frage, was gute und was schlechte Kommunikation sei'.* Ich blätterte einige Seiten weiter. Ein Bericht mit Bildchen über eine neue Geburtsmethode. Unten ein großes Foto. Die Mutter im Wochenbett hält ihr Kind im Arm. Kaum eine Stunde ist es auf der Welt. Lächelnd streichelt sie ihm mit zwei Fingern zart über die Wange: Eine Nachricht wird gesendet und als gutes Gefühl empfangen. Ein Kontakt geknüpft, eine Beziehung hergestellt. Schon wird kommuniziert.

So beginnt der Mensch sein Leben auf dieser Erde. Wir sind mitten im Thema.

Wir sind erwachsen geworden. Von klein auf haben wir unzählige Male Fragen gestellt und beantwortet. Wir haben Meinungen vorgetragen, Wissen, Erfahrungen und Gedanken ausgetauscht und Gefühle vermittelt. Bei freundschaftlicher und zärtlicher Zuneigung werden anerkennende, liebevolle Worte benutzt, beim Streit wird wortreich heftig bis verletzend mit Grobheiten reagiert.

Und jede dieser Gelegenheiten ist ein wechselseitiger Austausch, eine mündliche Übermittlung von Nachrichten und Informationen. Um sie übertragen zu können, brauchen wir

- **einen Sender oder Kommunikator**
- **eine Botschaft / Nachricht / Information**
- **einen Informationsweg / Sprache / optische Reize**
- **und einen Empfänger**

Auf Grund des rasanten technischen Fortschritts — vor allem im Bereich der Informationstechnologie — wird die Welt immer kleiner.

Damit meine ich nicht den geografischen Umfang der Erde, sondern das Zusammenleben der Menschen auf ihr.
Für uns bedeuten Handy, E-Mail, Internet, BlackBarry, UMTS, Wlan, HotSpots, SMS usw., dass wir noch enger zusammenrücken.

Die persönliche Kommunikation dennoch weiter als wichtigstes sozial verbindendes Element zu begreifen, darf jedoch nicht aus dem Blick verschwinden.
Immer im persönlichen Dialog zu stehen, zu kommunizieren, bleibt trotz allen technischen Fortschritts die wichtigste Form des Gedankenaustausches, ob beruflich oder privat.
Schon allzu oft habe ich erlebt, dass ein Mitarbeiter einem anderen Mitarbeiter eine E-Mail schreibt, in der er seinen baldigen Anruf ankündigt oder ein Manager per Telefon nachfragt, ob seine so eben gesendete SMS-Nachricht angekommen sei. Oh je. So weit ist es schon mit uns gekommen!

Miteinander zu reden oder auch zuzuhören ist eine der Sachen, die aus meiner Sicht immer weniger „gelebt" wird. Und wenn wir dies dann tun, dann kommt es doch mitunter vor, dass einiges schiefgeht.
Geglückte Kommunikation hängt nicht nur vom guten Willen ab, sondern auch von der Fähigkeit, zu erkennen, welche seelischen Vorgänge und zwischenmenschlichen Verwicklungen ins Spiel kommen, wenn der „Sender" Verkäufer und der „Empfänger" Käufer nicht zueinander finden. Wir reden und reden und unser Gegenüber versteht sprichwörtlich „nur Bahnhof".

Um einer solchen Situation möglichst aus dem Wege zu gehen, sehen wir uns ein Kommunikationsmodell genauer an. Was senden wir in einem Gespräch und was genau soll ankommen?

Gesendet werden soll: Ankommen soll:

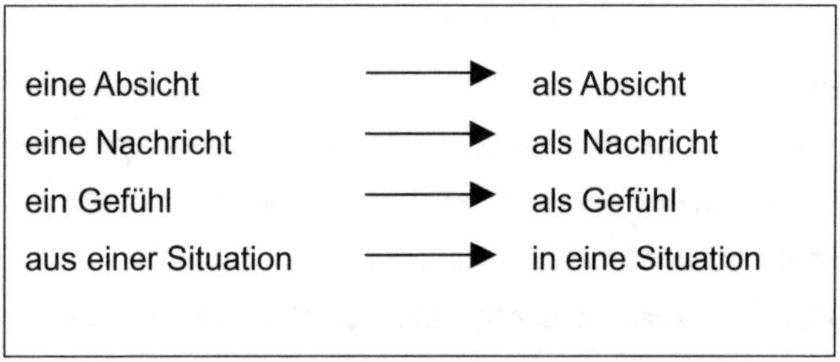

Trotzdem muss der Absender damit rechnen, dass nicht immer das ankommt, was er mit seiner Mitteilung zu verstehen geben wollte.

Gesendet werden soll: Angekommen ist:

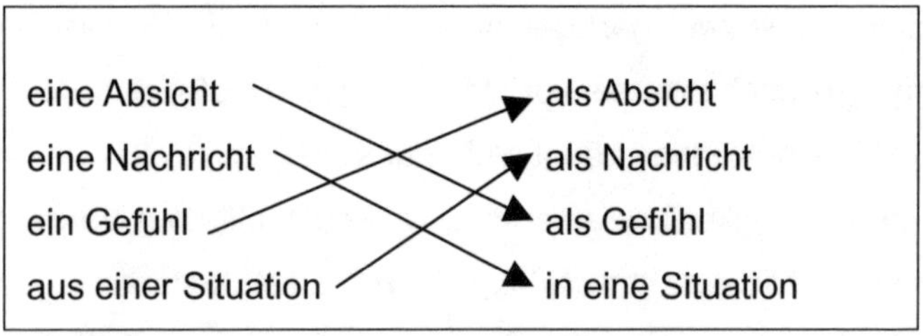

Um aufzuzeigen, was wir bei Text- oder Sprachinformationen manchmal falsch lesen oder hören können, soll uns ein kleines Beispiel dienen, das der Leser selbst ausprobieren kann.

Lesen Sie die folgenden Begriffsbestimmungen von oben nach unten möglichst laut und schnell vor:

Fixstern
Morgenstern
Abendstern
Polarstern
Zwergelstern
Weihnachtsstern
Mittagsstern

Suchen Sie den Fehler noch oder haben Sie ihn gleich gefunden? Sie werden wahrscheinlich einen Moment gestutzt haben bei dem astronomischen Begriff Zwergelstern. Zu Recht. Zwergelsterne gibt es nicht, wohl aber Zwerg-Elstern. Solche und andere Irritationen treten auf, wenn mal eben nur quer gelesen wird und in der Umgangssprache nachlässig geredet, oder bei der Verwendung von Anglizismen neudeutsch gesprochen wird, weil es einfach zum Ausdruck eines modernen Menschen gehört. Solange Sie in „Zwergelsternen" reden, ist die erfolgreiche Vermarktung eben wirklich schwer, um nicht zu sagen unmöglich.

Es gibt nur eine Möglichkeit zu prüfen, wie viel von dem Gesagten tatsächlich beim Gesprächspartner angekommen ist: **fragen, nachfragen, hinterfragen**! Auf diese Weise erfahren Sie eindeutig, ob Sie bei Ihren Ausführungen verstanden worden sind und können den Dialog, Ihr Gespräch, konfliktfrei führen. Sender und Empfänger führen einen Dialog:

eine Absicht	↔	als Absicht
eine Nachricht	↔	als Nachricht
ein Gefühl	↔	als Gefühl
aus einer Situation	↔	als Situation

Diese vereinfachte Darstellung verdeutlicht das Zustandekommen eines konfliktfreien Dialogs.

Nur wenn beide Gesprächspartner die Möglichkeit haben, ihre eigene Sicht zum Gesprächsgegenstand zu äußern, verringern sich Missverständnisse und Mitteilungsverluste. Wesentlich öfter, als allgemein angenommen, werden dadurch Informationsverluste vermieden.

Aus diesem Grund lohnt sich Ihre Mühe: In diesem Maße, in dem Ihre Kommunikationsfähigkeit wächst, erhalten Sie auch immer häufiger die störungsfreie Rückkopplung (neudeutsch auch „Feedback“ genannt), die Sie sich wünschen. Was kann es Besseres geben als einen entkrampften, einfachen Umgang mit dem Kunden? Sie, der Verkäufer, fühlen sich im störungsfreien Dialog wohler, und die persönliche Zufriedenheit im Beruf steigt.

Ob als angehender oder praktizierender Verkäufer denken Sie immer an Folgendes:
Ich gehe jetzt in dieses Haus, in dieses Büro, zu diesem Kunden, und ab diesem Augenblick habe ich nur eine Person, auf die ich mich verlassen kann und muss: mich selbst. Ich trage die Verantwortung für den konfliktfreien Dialog mit meinem Kunden und kann den gesamten Gesprächsverlauf steuern. Auf diese Weise werde ich auch Verkaufserfolge haben. *Denn ich weiß: Ich bestimme alles im Verkaufsgespräch!*

Ich beeinflusse mit der Art meiner Kommunikationsfähigkeit auch die Qualität (Aussagekraft) der Informationen, die bei meinem Gegenüber und in der Rückkopplung bei mir selbst ankommen.

Ich bestimme folglich erheblich die Aussicht auf Erfolg, wie folgende Grafik erkennen lässt:

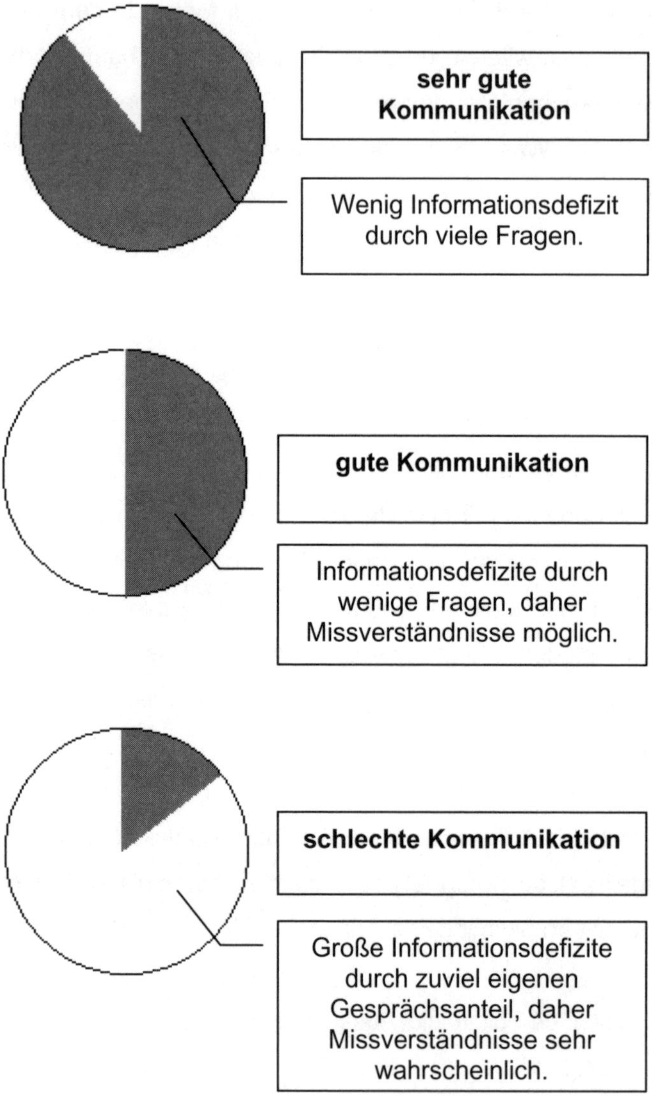
sehr gute Kommunikation
Wenig Informationsdefizit durch viele Fragen.
gute Kommunikation
Informationsdefizite durch wenige Fragen, daher Missverständnisse möglich.
schlechte Kommunikation
Große Informationsdefizite durch zuviel eigenen Gesprächsanteil, daher Missverständnisse sehr wahrscheinlich.

Wie zuvor beschrieben und dargestellt worden ist, sind es die Informationsverluste, die auf den Gesprächsverlauf und das Gesprächsergebnis starken Einfluss nehmen. Wenn Sie sprechen, kommt immer nur ein Teil des Gesagten beim Kunden (Zuhörer) an. Ein Rückblick auf die Kindheit, auf Geburtstage, Ferienlager oder ähnliche Begebenheit, an denen „Stille Post“ gespielt wurde, bestätigt dies nachhaltig:

Der erste flüstert der zweiten Person ins Ohr: *„An Silvester wird im Freien ein riesiges Feuerwerk am Himmel leuchten.“*
Zweiter zum Dritten: *„Bald leuchtet ein großes Feuerwerk und Silvester soll der Himmel im Freien sein.“*
Dritter zum Vierten: *„Leuchtet an Silvester ein freier Himmel, gibt es ein großes Feuer.“*
Vierter zum Fünften: *„Wenn Leuchtfeuer den großen Himmel verbrennt, haben alle an Silvester frei.“*

Ja, es ist gar nicht so einfach, eine Information auch als Information zu senden. Das Wesentliche dieser Art von Kommunikation kann am besten so zusammengefasst werden:
Gesagt ist nicht gehört, gehört heißt nicht verstanden und verstanden heißt nicht umgesetzt.

Wenn man die bisherigen Ausführungen und das Kinderspiel im übertragenen Sinne mit dem Ablauf eines Verkaufsgespräches vergleicht, gelangt man leider oftmals zu keinem anderen Ergebnis:

- **Der Verkäufer dachte.**
- **Der Verkäufer formulierte.**
- **Der Verkäufer meinte zu sagen.**
- **Beim Kunden kam an.**
- **Der Kunde meinte zu hören.**
- **Der Kunde interpretierte.**
- **Der Kunde konnte behalten.**
- **Der Kunde gab weiter.**
- **Der Kunde setzte um.**

Jetzt kann kein Zweifel mehr darüber aufkommen, dass vom Gedanken des Verkäufers bis zur Umsetzung ein verlustreicher Informationsweg beschritten wird. Deshalb lautet mein Appell an Sie:
Konzentrieren Sie sich auf die kommenden Abschnitte zu den Techniken im Verkauf und insbesondere auf die Fragetechniken. Sie werden feststellen, wie erheblich besser Ihre Verkaufsgespräche ein „störungsfreies" Ende finden werden. Was Sie gerade gelesen haben, ist ein wichtiger Bestandteil der Beziehungsarbeit. Es bedarf vieler Kontakte mit Kunden, diese Grundlagen praktisch anzuwenden. Veränderungen hin zum konfliktfreieren Kommunizieren lassen sich nicht von einem Tag auf den anderen verwirklichen.

Sie sind ein Lernprozess, der viel Zeit braucht, bis sich vollkommene Sicherheit einstellt.
Doch lange, bevor Sie ein guter Kommunikator geworden sind, steht schon die nächste Hürde vor Ihnen.

Distanz oder Nähe ?

Ich will Überlegungen zu dieser Frage mit einem Beispiel aus meinem privaten Umfeld einleiten. Meine Frau und ich haben einen kleinen Garten am Haus, an dem ein Nachbargrundstück grenzt, das von einem älteren Ehepaar bewirtschaftet wird. Sind wir und sie am Wochenende mal gemeinsam draußen, wird ein „Hallo“, und *„Wie geht's?“* ausgetauscht; stets mit einem kurzen Gespräch über den Gartenzaun verbunden, das hin und wieder mit einer Einladung an die Nachbarn zum Grillabend endet. Dann plaudern wir gemeinsam über alles Mögliche. Wenn die Frauen zu später Stunde sich schon zum Schlafengehen verabschiedet haben, sitze ich danach noch gern mit meinem Nachbarn am Grill, um der aufkommenden Nachtfrische zu entgehen. Wir diskutieren ausgiebig, ohne eine Spur von Distanz. Kein simpler Plausch über das Wetter. Unaufdringlich und kontaktfreudig, mit großer Offenheit reden wir über allerlei private und berufliche Erlebnisse, darunter auch Vertrauliches, das nicht auf den öffentlichen Markt der Sensationen gehört. Vor vielen Jahren haben wir Kontakt aufgenommen und pflegen ihn seitdem.

Die Kontaktpflege ist es, die ganz verschiedene Seiten eines Menschen fordert:

- **Selbstbewusstsein**
- **Informiertheit**
- **viele Interessen**
- **Begeisterungsfähigkeit**
- **Humor**
- **gute Manieren**
- **sicheres Auftreten**

All diese Eigenschaften sind gefordert im Gespräch mit dem Nachbarn, aber auch als professioneller Verkäufer:
Jeder von uns besitzt die Varianten Nähe und Distanz in seinem Verhaltensrepertoire. Was der Mensch mündlich (verbal) einem anderen Menschen mitteilt und was er nicht mit Hilfe der Sprache (nonverbal), sondern über seine Körpersprache sendet, ist auch abhängig von unterschiedlichen Situationen und Stimmungen. Manchmal wird Abstand gewahrt, formell-distanziert reagiert, ein anderes Mal mehr zugänglich-freundschaftlich. Auch kann die Grenze zwischen Distanz und Nähe fließend sein.
In einem jungen IT-Unternehmen sprachen sich vom Mitarbeiter bis zum Chef alle mit Vornamen an, sie siezten sich dabei.
In einem anderen Unternehmen sprachen sich alle mit dem vertrauten „Du“ an und in wieder einer anderen Firma mit einem kategorischen „Sie“.

Verbale und nonverbale Kommunikation hat viele Möglichkeiten. Wir "senden" und "empfangen" sie ständig und gleichzeitig. Es ist ein ewiges Wechselspiel, das besonders in der nonverbalen Kommunikation von Distanz und Nähe zum Prüfstein für ein gut oder weniger gut geführtes Verkaufsgespräch wird. Drei wichtige Distanzen sind es, die im Verkaufsgespräch beachtet werden sollen und fortan als Distanzzonen des Verkaufs im Gedächtnis zu halten sind:

Öffentliche Distanz

Zu Beginn eines Gespräches befinden Sie sich etwa drei Meter und mehr von Ihrem Gesprächspartner entfernt. Sie und der Kunde halten noch Abstand. Diese Zone verringert sich meist schon nach wenigen Augenblicken und wird eine

Geschäftliche Distanz

mit zirka 1,20 Meter oder etwas geringerem Abstand. Jetzt ist zu prüfen, ob Sie diese Ebene verlassen wollen oder, was für das weitere Gespräch nützlich wäre, diesen Abstand beibehalten möchten. Wenn Sie beim Kunden nonverbale Zeichen seiner Bereitschaft zum intensiveren Gespräch wahrnehmen, wechseln Sie mit ihm in die

Persönliche Distanz

von ungefähr 0,60 Meter und näher. Das Gespräch über ein Thema von beidseitigem Interesse wird vertrauter und persönlicher.
Und ein Gespräch unter vertrauten Menschen führt man ja auch aus einer Nähe und nicht aus großer Distanz.

Hierzu noch einige Hinweise:
Es ist schnell herauszufinden, ob der Kunde mit Ihnen in eine vertrauliche Position wechseln möchte. Zum Beispiel, wenn Sie mit ihm gemeinsam in Unterlagen sehen wollen oder wenn Sie die Frage an den Kunden stellen, ob Sie seine Frage oder seinen Hinweis in Ihren Mitschriften richtig notiert haben. Lassen Sie ihn Frage bzw. Hinweis selbst lesen und schon merken Sie, ob er heranrückt oder sagt: *„Geben Sie mal bitte her“.*

Eine weitere Möglichkeit ist, nach etwas zu verlangen (den außer Reichweite liegenden Taschenrechner oder das Brillenetui beispielsweise), so dass Ihr Gegenüber veranlasst ist, seinen Platz zu verlassen. Entweder der Kunde kommt näher zu Ihrem Platz zurück und das “Problem“ der Entfernung hat sich somit gelöst, oder Sie müssen dem Kunden eine weitere Brücke bauen, um die Distanz in Nähe zu wandeln.

Jede dieser Techniken kann während des Gesprächs ständig wiederholt werden. So können Sie prüfen, inwieweit sich das Vertrauensverhältnis zwischen Kunden und Verkäufer entwickelt hat.
Ich habe in meiner aktiven Verkäuferzeit gern beim Besuch des Kunden darum gebeten, mir vor dem Gespräch kurz die Hände waschen zu dürfen. Ich übergab dann dem Kunden meine Tasche und ging mir die Hände spülen, was viele Kunden als sehr höflich empfanden. Als ich dann den Raum, oder das Büro betrat, stand meine Tasche immer da, wo mich der Kunde platzieren wollte. Ich hatte damit schon viel erkannt und konnte rechtzeitig agieren.

PS: Wenn es mir nicht gefiel, setzte ich mich woanders hin; das ging auch.

Selbstverständlich können sich die Distanzzonen im Laufe eines Gesprächs mehrmals verschieben; dabei spürt man leicht, ob man auf Anlehnung oder Ablehnung trifft. Die Erfahrung bestätigt, dass ein vertrauensvolles Verkaufsgespräch, das in einer geschäftlichen und persönlichen Distanz geführt wird, am Ende zu mehr Erfolg führt. Ein Gespräch, das nur in der öffentlichen Distanzzone geführt wird, verhilft dazu kaum.

Noch eine abschließende Bemerkung. Seien Sie sich im Klaren darüber, dass nur Sie allein verantwortlich sind für das Herbeiführen der Distanzzonen. Geben Sie keine Ungeduld zu erkennen, drängeln Sie nicht. Ihr Kunde oder Gesprächspartner hat unbewusst ein ähnliches, vielleicht aber ein ganz anderes Gefühl als Sie. Auch er sucht Nähe oder lehnt sie ab. Zeigen Sie Takt und Feingefühl in dieser Situation, und wenn nötig, lassen Sie sich genügend Zeit.

„Vertrauen und Nähe wachsen nun einmal nicht an Bäumen“, heißt es, *„sondern müssen erarbeitet werden.“*

Nun bleibt mir nur zu hoffen, dass dieses Kapitel dazu beitragen konnte, in Ihrem „Verkäuferkopf“ ein Gedankendepot für diese simple, aber doch fassettenreiche Thematik anzulegen, um mit starkem Willen noch besser Stärken zu stärken und Schwächen zu schwächen.

Wenn Sie nun neugierig geworden sind, empfehle ich Ihnen von ganzem Herzen das Buch „Pentimento" von Michael Grinder.*
Hier erfahren Sie, wie Charisma entsteht und wie Sie Ihre gesamte Körpersprache wirkungsvoll einsetzen, um noch mehr Erfolg zu haben.

Michael Grinder, Pentimento ISBN: 3-931976-08-4

Hier ist Platz für Ihre Notizen…

Professionelle Gesprächsführung

Professionelle Gesprächsführung

Ich erinnere mich an ein heikles Gespräch, dass ich im November des Jahres 2001 hatte. Ich war zu einem Präsentationsgespräch geladen, um mein Konzept zum Training vorzustellen. Zur gleichen Zeit saßen ca. fünf weitere Trainer im Vorraum und erwarteten, dass sie an der Reihe waren. Ich dachte mir: Ich sitze hier wie auf einer Hühnerstange und soll mich gleich vermarkten. Die Konkurrenz hatte ich dabei immer im rechten Augenwinkel. Meine Stimmung war auf einem Tiefpunkt, und ich wurde aufgerufen.

Ich betrat den Konferenzraum, und ich sah ungefähr 8 bis 10 Leute dort sitzen: der Vorstandsvorsitzende und sein Assistent, der Personalchef und seine Assistentin, die Personalentwicklerin und ihren Assistenten, die Betriebsratsvorsitzende und zwei Mitglieder des Betriebsrates, die Sekretärin und ihren Laptop und so weiter. Auf jeden Fall war der riesige ovale Tisch rundherum besetzt, und ich stand allein vor all´ diesen Menschen.

Nun ging`s los:

Vorstandsvorsitzender:
„Guten Tag. Ich bin der Vorstandsvorsitzende, und das sind ...“
Ich:
„Guten Tag.“ (Ein Lächeln brachte ich nicht fertig)
Vorstandsvorsitzender:
„Wir haben Sie eingeladen, um Ihr Vertriebs- und Verkaufskonzept kennen zu lernen. Sind Sie bereit?“

Ich: *„Ja.“*

Vorstandsvorsitzender:

Mit ernster Stimme: *„Gut, dann fangen Sie an!“*

Ich:

„Gern.“ Ich legte in Ruhe meine Unterlagen auf den Tisch und setzte mich zu ihnen. Meine Stimmung war mehr als schlecht, mein Gefühl auch und diese „herzliche“ Aufwärmphase hatte auch nicht gerade meine Lust verbessert. Ich dachte bei mir: *„Du musst was unternehmen, sonst wird das hier nichts.“* Ich beugte mich vor, legte meine Arme mit verschränkten Händen auf den Tisch und sah den Vorstandsvorsitzenden direkt an.

„Herr Vorstandsvorsitzender, darf ich, bevor ich beginne, eine Frage stellen?“

Vorstandsvorsitzender: *„Ja natürlich.“*

Ich:

„Herr Vorstandsvorsitzender, kann ich kurz vorab aus Ihrem Munde genau hören, was Sie persönlich und ich meine ganz genau benötigen, damit ich Ihnen präzise und bündig sagen kann, was Sie und Ihr Unternehmen aus meiner externen Sicht weiterbringt?“

Vorstandsvorsitzender:

Mit erhobener Brust: *„Ja klar: Ersten…, Zweitens…, Drittens… und Viertens.““*

Ich:

„Herzlichen Dank Herr Vorstandsvorsitzender. Sie haben genau diesen Mann vor sich, der das was Sie wollen kann.

Das was Sie fordern und benötigen sind meine Kernkompetenzen! Gratulation an Sie, dass Sie Ihren Trainer gefunden haben.“

Hätten Sie etwas gesagt, was nicht zu meinen absoluten Stärken gezählt hätte, dann hätte ich es Ihnen gesagt, und wir wären freundschaftlich auseinander gegangen.

„Sie können nun die anderen Trainer nach Hause schicken, denn nun haben Sie ja was Sie genau brauchen.“ Ich blickte den Vorstandsvorsitzenden weiter und ruhig an und hielt die entstandene Pause aus.

Vorstandsvorsitzender:

Erstaunt und überrascht sagte er nach zwei drei Sekunden:

„O.k. Sie sind scheinbar sehr von sich eingenommen, richtig?“

Ich:

„Nein, ich denke nur, Sie wollen den passenden Trainer, und Sie haben ihn. Wieso soll ich um den heißen Brei reden, erzählen, was ich alles kann und so weiter, wenn es doch darum geht, dass Sie den Trainer bekommen, den Sie wollen. Einen Trainer, der Ihre Anforderungen erfüllt. Und wenn Sie ihn hier sitzen haben, ist das doch gut für Sie und Ihr Unternehmen, richtig?“

Vorstandsvorsitzender: *„Ja.“*

Ich:

„Prima. Ich stelle Ihnen dann mein Konzept gern vor, so dass Sie erkennen, was Ihrem Team, Ihrer Verkaufsmannschaft und Ihr Unternehmen von einer

Zusammenarbeit mit mir hat, einverstanden?"
Vorstandsvorsitzender: *„Ja."*

Er hat dann die anderen Trainer durch seinen Assistenten wirklich wegschicken lassen, und ich habe den lukrativen Auftrag erhalten.

Weshalb habe ich Ihnen diese Geschichte aus dem Jahr 2001 erzählt? Ich wollte mich nicht beweihräuchern oder Ihnen sagen, wie toll ich bin, sondern anhand dieser Anekdote aufzeigen, was in professionellen Gesprächen wirklich wichtig ist. Es ist ganz einfach, ich wollte während der Entscheidungsphase dabei sein!
Wenn ich erzählt hätte, wie toll ich bin, und das haben bestimmt die anderen Trainer getan, dann wäre die Entscheidung später gefallen, und ich hätte darauf keinen Einfluss mehr gehabt. Das kann aber kein wirkliches Ziel von Gesprächen oder Verhandlungen sein. Ich empfehle Ihnen, wenn es geht, versuchen Sie stets, beim Entscheidungsprozess dabei zu sein, denn dann haben Sie noch einen Einfluss auf das Ergebnis.

Nochmals:

Sie sollten alles versuchen, während der Entscheidungsphase dabei zu sein.

Anhand der folgenden Grafik ersehen Sie den Plan eines durchschnittlichen Verkäufers. Er plant eine Stunde für sein Gespräch ein und ist dann bei der Entscheidung am Ende nicht mehr dabei.

Planen Sie doch, die Entscheidung nach dreißig Minuten zu erhalten, und dann haben Sie noch einmal dreißig Minuten Zeit, um im Entscheidungsprozess etwas bewirken zu können.

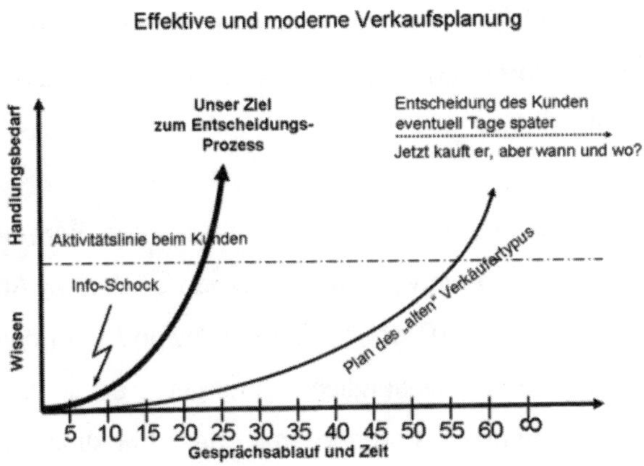

Wie Sie erkennen, haben Sie Einfluss genommen und gezeigt, dass Sie mutig und entschlossen sind, sich und Ihr Produkt oder Ihre Idee zu vermarkten.

Wenn sich demnach zwei oder mehrere Personen an den Verhandlungstisch setzen, geschieht das mit dem Ziel, in einer bestimmten Angelegenheit, zu einer bestimmten These oder über ein bestimmtes Projekt oder Vorhaben in Verhandlung zu gehen, um eine Einigung herzustellen.

Das Gleiche gilt für ein Verkaufsgespräch, bei dem beide Gesprächspartner, der Käufer/ Mandant und der Verkäufer/ Berater, ihr jeweiliges Ziel durch Verhandeln zu erreichen suchen.

In den verschiedenen Gesprächsphasen liegen etwa einem Drittel der Reaktionen der verhandelnden Partner rationale Denkvorgänge zu Grunde, während die anderen zwei Drittel von Emotionen, also vom Gefühlsleben bestimmt werden.

Die tägliche Arbeit beweist uns, dass ein gut vorbereitetes Beratungs- und Verkaufsgespräch immer auch nach einem genau geplanten Ablauf verläuft. Nur dann kann es sich erfolgreich entwickeln, und ein positiver Verhandlungsabschluss wird wesentlich häufiger erreicht. Im übertragenen Sinne ist dieser Vorgang mit der Funktion eines Plattenspielers vergleichbar. Wenn Sie einen Musiktitel bis zum Ende anhören, folgt die Nadel des Abtastarms ganz genau jeder einzelnen Rille, die die Richtung bestimmt.

In unprofessionell geführten Verkaufsgesprächen werden die meisten drastischen Fehler begangen. Oftmals werden die einzelnen Phasen eines Verkaufgesprächs vertauscht und zum Teil auch vergessen oder der Verkäufer/ Berater geht nach eigenem Schema vor. Auch das führt nicht zum dauerhaften Erfolg. Am Ende sind beide Verhandlungspartner unzufrieden. Wenn ich Menschen **aktivieren will**, um sie in den Entscheidungsprozess zu integrieren, halte ich mich an die Phasen und werde schnell zu einer ersten Entscheidung im Gespräch gelangen.

Die einzelnen Phasen des Beratungs- und Verkaufsgespräches

Weiß man, wie im günstigsten Falle ein Verkaufsgespräch ablaufen sollte, und gelingt es einem, die Anfangsphase möglichst optimal zu gestalten, ist man dennoch vor Fehlern nicht gefeit. Wie viele Details sollten erörtert werden? Wann tritt man in die Verkaufs- oder Abschlussphase ein, wann erneut in die Fragephase? Machen Sie sich zunächst mit den einzelnen Phasen des Verkaufsgespräches vertraut:

- **Kontaktphase**
- **Aufwärmphase**
- **Inventurphase**
- **Reflexionsphase**
- **Vorabschlussphase**
- **Präsentationsphase**
- **Abschlussphase und Verkaufsphase**
- **Nachverkauf / Bestätigung**
- **Abwärmphase / Verabschiedung**

Die Reihenfolge der Handlungen, Fragearten, Techniken und Erkenntnisse ist exakt festgelegt. Diese Regeln sind ein untrennbarer Bestandteil der Verkaufsphasen.

Je mehr es gelingt, sich an diese Abfolge zu halten, desto leichter und Erfolg versprechender wird das Verkaufsziel erreicht.

Am einfachsten ist es durch das so genannte Trichterdenken.
Um das Trichterdenken, seine Bedeutungen und Ziele besser zu verstehen, lesen Sie bitte die folgenden Abschnitte der einzelnen Phasen des Verkaufsgespräches:

Kontaktphase

Dieser Phase widme ich gern mehr Nachdruck. Es ist aus meiner Sicht eine der entscheidensten Phasen.
Sie ist entscheidend für den „ersten Eindruck", den der Verkäufer beim Kunden erweckt. Vom Verkäufer werden die Grundlagen für den Ablauf eines erfolgreichen Gespräches geschaffen. Im Allgemeinen hat sich durchgesetzt, dass der „erste Kontakt" in den ersten sieben Sekunden schon viel entscheidet. Hier bildet sich der Gesprächsteilnehmer seine erste Meinung über Sie, und die sollte schon gut sein, richtig?
Die Grundlage liefert das Verständnis zur Entstehung unseres „ersten Eindrucks".
Unser Ultra-Kurzzeitgedächtnis kann sich in einem Zeitraum von sieben Sekunden etwas merken. Das heißt, dass nach ca. sieben Sekunden in unser Kurzeitgedächtnis eine Information gelangt, die positiv besetzt oder eben negativ belegt sein kann. Deshalb ist es aus meiner Sicht von immenser Bedeutung, dass Sie die ersten sieben Sekunden versuchen, alles richtig zu machen.

Werden Sie sich zunächst klar, wie Sie beim ersten Eindruck wirken.

Wirken Sie menschenorientiert?

- **freundlich**
- **warm**
- **lächelnd**
- **offenherzig**
- **strahlende Augen**
- **freimütig**
- **Wir-Gefühl erzeugend**

Wirken Sie aufgabenorientiert?

- **sachlich**
- **zurückhaltend**
- **reserviert**
- **abwartend**
- **passiv**
- **Sie-Gefühl erzeugend**

Wirken Sie dominanzorientiert?

- **stark**
- **dominant**
- **überlegen**
- **selbstsicher**
- **selbstbewusst**
- **Ich-Gefühl erzeugend**

Wenn Sie sich analysiert haben, dann empfehle ich Ihnen vor allem die menschlichen Komponenten, also die „menschenorientierte Verhaltensweise“, am Anfang jedes Gespräches zu leben, denn so brechen Sie schnell das Eis im Gespräch und wirken sympathisch und freundlich.

Aufwärmphase

Wenn Profiverkäufer darauf angesprochen werden, bezeichnen sie diese Phase als die wichtigste im gesamten Verkaufsgespräch. Hier wird das Motiv hinter dem Motiv gesucht. Menschen gehen nicht arbeiten, um mehr Geld zu verdienen, sondern um mehr ausgeben zu können. Also verkauft der Verkäufer mit dem Auto alles, was mit dem Fahren zu tun hat. Hier wird der wahre Bedarf des Kunden ermittelt und durch kluge Fragetechnik herausgefunden, was den Kunden tatsächlich interessiert, was er wirklich will.

Der Kunde wird von uns veranlasst, sich zu öffnen. In der Aufwärmphase sollten Sie nicht auf die Uhr schauen, sondern Zeit investieren. Sonst kann es passieren, dass Sie am Bedürfnis des Kunden vorbei verkaufen und den Vertragsabschluss gefährden. Schaffen Sie hier die Grundlagen für Vertrauen und Ehrlichkeit. In dieser Phase entscheidet sich der „moderne" Verkauf. Hier sind Sie als Beziehungsmanager besonders gefragt.

Inventurphase

Was nützt uns das vermeintlich beste Produkt oder die beste Strategie, wenn der Kunde den Verkäufer nicht versteht? Also gilt es, den Wissensstand des Kunden über das möglicherweise zu erwerbende Produkt oder die Dienstleistung zu ergründen und herauszufinden, ob die Möglichkeiten, die der Verkäufer dem Kunden bisher bieten konnte, mit dessen bisherigen Erfahrungen und Fähigkeiten kompatibel sind. Schaffen Sie mit Ihrer Sprache Bilder im Kopf des Kunden. Animieren Sie seine Phantasie, schaffen Sie Raum für seine Visionen. Entscheidend ist, im Kopf des Kunden Gedanken und Bilder zu erzeugen, die ihm schon vertraut sind und auf die er aufbauend mitdenken kann. Dafür ist, wenn nötig, jedes Hilfsmittel nützlich, ob ein Blatt Papier für Zahlen und Skizzen oder die Computertechnik.

Reflexionsphase

Hier sichten Sie, ob Sie den Kunden in allen Belangen richtig verstanden haben und bitten, sollte es erforderlich sein, um zusätzliche Informationen. Lassen Sie den Kunden sprechen! So kann das zum Kundenwunsch geeigneteste Produkt oder die passendste Strategie gefunden werden. Satzanfänge wie *„Wenn ich Sie richtig verstanden habe..."* oder *„Einmal ausgegangen davon, dass Sie..."* verhelfen Ihnen zur Konkretisierung des Wunschprofils durch den Kunden. Der genaue Bedarf und zugleich Ihre Möglichkeiten für einen erfolgreichen Verkauf werden so erfasst.

Vorabschlussphase

Sie ist eine entscheidende Phase im Verkaufsgespräch, weil sie erkennen lässt, ob der Kunde heute kaufen wird. Dieser Umstand verleitet wenig erfahrene Verkäufer oft und gern, sich unbedingt vorab eine „kleine" Entscheidung vom Kunden holen zu müssen. Aber gerade diese Phase besiegelt den bis hierhin gegangenen und den noch zu gehenden Weg für das Gespräch. Aufkommende Ängste, der Kunde könnte nein sagen, sind unangebracht. Es geht hier lediglich um das Festhalten des Erreichten und die Richtungsbestimmung dafür, wie es weitergeht.

Präsentationsphase

In der Folge des bisherigen Gesprächs kann jetzt das Angebot unterbreitet und dem Kunden die Strategie erklärt werden. Es werden Besonderheiten, wie z. B. technische Details, besprochen. Dabei leiten Sie das Gespräch weiterhin konsequent zum Ziel.

Abschlussphase und Verkaufsphase

Meine Neffen Martin und Stefan haben mir beigebracht, wieso ein Abschluss erst ein Abschluss ist, wenn ich einen Abschluss wirklich tätige. Stefan ist Schauspieler, und er sagte mir: erst wenn der Vorhang fällt, ist die Vorstellung beendet, und Martin als Zahnarzt fügte hinzu, ich muss nach dem Bohren ja den Zahn auch wieder verschließen, erst dann ist meine Arbeit getan. Verdammt recht haben beide!

Also, die Frage *„Wenn Ihre Wünsche und Ziele nun erfüllt sind, dann kommen wir jetzt zur Bestellung oder zum Vertrag, nicht wahr?"* verhilft Ihrem Kunden zur positiven Entscheidung.
Jetzt wird die Vereinbarung, der Vertrag konsequent platziert und zum Abschluss gebracht.

Nachverkauf/ Bestätigung

Hier geht es um eine Nachbereitung des gesamten Verkaufsgespräches. Nach erfolgtem Abschluss setzen beim Kunden oft Kaufreue oder Zweifel ein: *„War meine Entscheidung richtig? Habe ich das Produkt zu einem anständigen Preis erworben? Was werden meine Kollegen/meine Familie sagen? Wird das Erzeugnis seine Funktion wirklich erfüllen*?" und so weiter.
Halten Sie in dieser Phase Kontakt mit dem Kunden. Bestätigen und zeigen Sie ihm, dass seine Entscheidung richtig war. Zeigen Sie, dass der Kunde und seine Zufriedenheit Ihnen wirklich wichtig sind.
Gut ist, wenn Sie dafür Sorge tragen, dass der Kunde sich das Produkt und den erreichten Vorteil sozusagen noch einmal selbst verdeutlicht.
So wird er seine Zufriedenheit in der Zusammenfassung selbst erkennen. Stellen Sie einfach ein paar Fragen am Ende des Gespräches.
Zum Beispiel *„Was hat Ihnen an unserem Gespräch gefallen?"* oder: *„Was besonders oder welche Stärken des Produktes sagten Ihnen am meisten zu?"*

Nun werden Sie hören, was den Kunden überzeugte, und er wird sich selbst für seinen Kauf eine Bestätigung liefern. Die Kaufreue ist verschwunden.

Abwärmphase / Verabschiedung

Diese Phase lebt von Bestätigungen und ehrlichen Komplimenten. Zum Gesprächsende ist es wichtig, den Kunden nicht mit superlativen Lobgesängen zu berieseln. Ihr Auftreten sollte, wie während des gesamten Gesprächs, vertrauenswürdig und ehrlich bleiben.
Der Kunde bemerkt schnell, ob nur ein fixer Abschluss die Absicht des Verkäufers war oder der Verkäufer es seriös und ehrlich mit ihm meinte, davon dürfen Sie ausgehen. Also, lassen Sie sich Zeit und werden Sie nicht hektisch.

Zum Schluss kann noch ein verbindlicher Nach-Termin vereinbart werden. Danach folgt die Verabschiedung. Auf dem Nachhauseweg haben Sie noch genügend Zeit, sich für Ihren Verkaufserfolg auf die Schulter zu klopfen.

Wer Fragen sät,

wird Antworten ernten

Wer Fragen sät, wird Antworten ernten

Jede Unterhaltung, jedes Gespräch zwischen zwei Personen oder in einer Gemeinschaft von Personen zielt darauf ab, die jeweiligen Standpunkte mitzuteilen. Dem jeweiligen Sachverhalt entsprechend kann das kurz und bündig ablaufen, oder das Gesprächsthema ist von so brennender Aktualität oder Dringlichkeit, dass es mehr Zeit in Anspruch nimmt. Zu letzterer Gruppe gehören die Verkaufsgespräche. Bei ihnen sind primär gegenseitige Verständigung, Meinungsbildung und Informationen von Belang.

In einem Verkaufsgespräch bringt man sich in die Position, dem Kunden ein präzises, ein speziell an seinen Bedürfnissen orientiertes Verkaufsangebot vorzutragen. Der Weg dahin muss nicht unbedingt lang sein und viel Zeit verbrauchen. Eine nachvollziehbare Abfolge von Gedankengängen, eine klare Ausdrucksweise und verständliches Fragen sind aber in jeder Hinsicht Voraussetzungen für einen erfolgreichen Dialog.

„Wer viel fragt, bekommt viele Antworten" heißt es hin und wieder lapidar im alltäglichen Umgang – oft mit abwehrender Kopf- und Handbewegung des Befragten, was heißen soll: *„Jetzt nicht, vielleicht ein anderes Mal..."* Wir wollen hier dem positiven Kern dieser Redeweise folgen, weil Fragen sehr wichtig für den Gesprächsverlauf sind. Das zielorientierte Fragen bindet mein Gegenüber ständig in das Gespräch ein. Der Kunde kann gedanklich nur schwer, häufig gar nicht abschweifen, weil der Verkäufer sicherstellt, dass er zuhören muss.

So erhält man vom Kunden/ Partner vor allem die so dringend benötigten wichtigen Informationen. Gut durchdachte Fragen zu stellen, bringt darüber hinaus den Vorteil, aus den Antworten Rückschlüsse für die Kunden-Nutzen-Argumentation zu ziehen.

Der Kunde äußert seine Meinung und offenbart seine Wünsche und/ oder Probleme, er teilt bestimmte Interessen mit, bewertet gerade erst gehörte Argumente, oder er begründet seine Widerstände. Viele Fragen fördern schlichtweg das Verständnis und das konfliktfreiere Miteinander in einer bestimmten Sache. Nur so unterliegen Gemeinsamkeiten und konträre Meinungen der ständigen Überprüfung.

Es ist gar nicht so einfach, Fragen immer richtig, oder aber die richtigen Fragen zu stellen, wenn die Erinnerung an das einmal Erlernte weit zurückliegt. Nun haben wir uns aber vorgenommen, Top-Verkäufer und Berater zu werden oder zu bleiben und wollen aus diesem Grund kein einziges Verkaufsgespräch im Sande verlaufen lassen. Mit diesem Ziel vor Augen, frischen Sie nun nicht nur einige in früheren Jahren erworbene Kenntnisse auf.

Vielmehr lernen Sie für Ihre Verkaufstätigkeit jene zwei Fragetechniken kennen, die zu den Grundlagen des modernen erfolgreichen Verkaufens gehören: direkte Fragen und indirekte Fragen. Wie aus einem Füllhorn erhalten Sie auf die direkten Fragen, die mit den bekannten W-Frage-(für)- Wörtern beginnen, die meisten Informationen.

Eigentlich würde es ausreichen, die 15 Fragewörter als Aufzählung hier folgen zu lassen. Aber sie stehen aus einem wichtigen Grund ganzen Sätzen voran, wie Sie gleich feststellen werden.

- **Wann** haben Sie von dem Produkt/der Dienstleistung erfahren?
- **Was** wollen Sie für sich/für Ihr Unternehmen erreichen?
- **Welcher** Gesichtspunkt ist Ihnen dabei der wichtigste?
- **Warum** glauben Sie ist das so?
- **Welches** Ziel soll erreicht werden?
- **Weshalb** glauben Sie an diese Lösung?
- **Wen** würden Sie in diese Angelegenheit einbeziehen?
- **Wer** hat schon Erkenntnisse auf diesem Gebiet?
- **Wie** wollen Sie den Zeitrahmen festlegen?
- **Wieso** sind aus Ihrer Sicht zurzeit keine anderen Möglichkeiten vorhanden?
- **Wie** schätzen Sie die Aussichten ein?
- **Wodurch** werden die Hemmnisse ausgelöst?
- **Woher** haben Sie dieses spezielle Wissen?
- **Wohin**, glauben Sie, geht der Trend?
- **Womit** liebäugeln Sie bei dem Produkt / der Dienstleistung am meisten?

Wir haben erfahren: Verkaufsgespräche sind oftmals Erstbegegnungen, deshalb weiß man noch nicht viel voneinander. Da ist es plausibel, Fragen parat zu haben. Doch kommt es darauf an – Sie haben es sicher beim Lesen der Fragesätze auch so empfunden – **keine verhörähnliche** Situation herbeizuführen. Das ist geradezu gefährlich!

Werden die direkten Fragen gewissermaßen undosiert verwendet, setzen sie den Kunden unter Druck, drängen ihn in eine Verteidigungshaltung und zwingen ihn zum Erklärungsbedarf. Aber wer lässt sich schon gern drängen und zwingen? Konflikte sind deshalb nicht ausgeschlossen. Verwenden Sie deshalb immer zwischen den Fragen eine Technik, die ich als **„VF“** = **Verständnisformulierung** kennen gelernt habe. Diese Technik hilft immens, aufkommende Konfliktpotentiale in gesunden Grenzen zu halten und dennoch eine klare und deutliche Kommunikation zu pflegen.

Hier einige Beispiele:

- **„Prima, dass Sie dies so offen ansprechen.“**
- **„Gut, dass Sie so ehrlich sind.“**
- **„Toll, dass Sie gleich am Anfang des Gespräches auf den Kerninhalt kommen.“**
- **„Schön, dass Sie gleich nachfragen.“**
- **„Macht Sinn. Dass Sie das denken könnten.“**
- **„Klar, aus Ihrer Sicht haben Sie recht.“**
- **„Interessant, guter Ansatz.“**
- **„Klar doch, Sie haben an dieser Stelle den Kern der Unterredung klar getroffen.“**
- **„Schon sehr freundlich von Ihnen, dass Sie gleich sagen, worauf es Ihnen ankommt.“**
- **„Guter Hinweis von Ihnen, ich werde mich persönlich darum kümmern.“**

Und noch ein persönlicher Hinweis:

Das Fragewort „Warum" sollte nicht verwendet werden. Jede mit „Warum" beginnende Frage bringt den Kunden (aber auch Sie) fast immer auf einen Antwort-Satzanfang mit „Weil" – schon ist man wieder zu einer erklärenden Begründung veranlasst worden. Überhaupt erzeugt ein „Warum" oft einen unguten negativen Gefühlszustand und hilft nicht, Probleme zu lösen, denn die Vergangenheit ist nun mal vorbei.
Deshalb ist es vorteilhafter, nach dem „Weshalb" zu fragen. Diese Fragestellung führt zum selben Ergebnis, folgt aber mehr dem Heute, der Gegenwart und den möglichen Lösungsansätzen, die für Ihren erfolgreichen Verkauf nötig sind.

Umsichtige VerkäuferInnen gehen es strategisch an und beziehen bei den Fragetechniken die indirekten Fragesätze geschickt in das Gespräch ein. Jeder dieser Fragesätze wird an einen Hauptsatz angeschlossen durch ein Frage(für)Wort oder durch das Fragepartikel „ob".
Beginnt, wie zuvor beschrieben, die direkte Frage stets mit einem Fragewort, so beginnt die indirekte Frage meistens mit einem Tätigkeitswort (Verb).

Zum Vergleich:

direkte Frage
„Wie meinen Sie das?“
„Weshalb sind Sie dafür?“

indirekte Frage
„Gern möchte ich fragen, woher Sie das wissen?“
„Ich überlege gerade, wann Sie morgen erscheinen wollen?“
Satzpartikel **ob**
„Er ist nicht sicher, ob es Uni-Wissen ist...“
„Er weiß nicht, ob er morgen zu Besuch kommt...“

Um Entscheidungen des Gesprächspartners herbeizuführen (z. B. in der wichtigen Abschlussphase), sollten vor allem indirekte Fragen zuerst gestellt und so formuliert werden, dass Ihr Gegenüber mit einer klaren Aussage antworten muss.
Zugleich kann hierbei kontrolliert werden, ob der Kunde aufmerksam und interessiert zugehört und ob er Sie das ganze Gespräch über verstanden hat.

Einige Beispiele:

- **„Sagen Sie, können wir an der Stelle das Thema abschließen?"**
- **„Eine Frage habe ich noch, darf ich sie stellen?"**
- **„Gut, wenn Sie erkennen, dass dies zu Ihrem Vorteil ist, ist es dann aus Ihrer Sicht sinnvoll hier weiterzumachen?"**
- **„Schön, wenn Sie es sich leisten können und brauchen, wollen Sie dann bitte auch eine Entscheidung treffen?"**
- **„Können wir dann hier weiter fortfahren?"**
- **„Prima, sagen Sie, könnten Sie mir bitte sagen, welche Varianten Ihnen am besten gefallen?"**
- **„Interessant, könnten Sie dies bitte einmal untersetzen?"**
- **„Können wir uns darauf verständigen, an der Stelle eine Einigung zu erzielen?"**

Dabei ist leicht zu erkennen, inwieweit er Ihre Meinung teilt und Ihnen in allen Belangen gedanklich gefolgt ist, oder ob er bei dem einen oder anderen Sachverhalt noch zweifelt.
Jede Zustimmung auf eine indirekte Frage ist ein Teilerfolg Ihres Kundengesprächs. Sollten Sie aber ein Nein als Antwort erhalten, begegnen Sie dem Kunden sofort mit einer direkten Frage. (nach einer **VF** = Verständnisformulierung)

- **„Wie meinen Sie dies?“**
- **„Weshalb sagen Sie dies jetzt?“**
- **„Woran machen Sie das fest?“**
- **„Wie viele Varianten benötigen Sie?“**
- **„Welche Fragen sind aus Ihrer Sicht noch offen?“**

Sie können erkennen, dass hier zwei sehr verschiedene Antwortmodelle aufeinander treffen – das eine sehr gezielt, das andere völlig offen. Indirekte Fragen sind herausfordernd bezüglich eines Ergebnisses oder einer Entscheidung. Die direkten Fragen lassen dem Kunden mehr Freiraum, sorgen dennoch für eine Positionierung und ermöglichen als Antwort ganze Sätze und Meinungen. Damit erreichen Sie ein Vielfaches an Informationen und ein Mehr an Vertrauen.

Es gibt keine dummen Fragen, es gibt nur dumme Antworten – so heißt es mitunter im umgangssprachlichen Alltag. Gelegentlich erwidert der/ die Angesprochene, es gebe nur ungeschickte Fragen, keine dumme Antworten.
Da ist was dran, denkt man, und denkt das Richtige:
Heutzutage wird der Verkauf mehr durch ungeschicktes Fragen und plattitüdenhafte Geschwätzigkeit verhindert als durch geschicktes und überlegtes Fragen herbeigeführt.
Hier als Vorgabe einige mögliche Varianten, die ich selbst gern am Anfang eines Gespräches nutze. Diese Art der Formulierung bringt den Kunden dazu, von Anfang an genau hinzuhören und schafft bei ihm ein Gefühl von Neugier.

- **„Herr Klein, es wird Sie interessieren, wie wir heute gemeinsam eine für Sie bestmögliche Lösung erzielen, korrekt?“**
- **„Ihre Frage könnte sein: Mit welchen Möglichkeiten löst die Branche heute die Kundenprobleme, nicht wahr?“**
- **„Herr Mann, ich habe mich gefragt, wie wird es mir gelingen, dass Sie Ihren Nutzen schnell erkennen, und das könnte ja auch Ihre Frage sein, richtig?“**
- **„Frau Groß, haben Sie schon gehört, dass sich immer mehr Kunden für diese besondere und individuelle Variante entschieden haben?“**
- **„Liebe Familie Groß, es wird Sie verwundern, welche großartigen Chancen heute für Sie entstehen werden, denn darüber zu reden macht ja Sinn, stimmts?“**
- **„Gut, dass wir zusammengekommen sind, denn Sie könnten sich ja selbst gefragt haben, was bringt mir dieses Treffen, nicht wahr?“**

Sie bemerken, es entsteht bei diesen Fragen immer ein Gefühl, das dafür sorgt, dass der Kunde ja sagen will und neugierig wird, ob dies auch stimmt, was Sie jetzt so von sich geben.
Sie haben ihn schnell aktiviert und in das Gespräch involviert. Nun sprechen zwei Menschen miteinander, und es gibt keine echte Möglichkeit für einen Monolog.
Sie können jedoch auch eine kleine Geschichte am Beginn des Gespräches erzählen.

Zum Beispiel diese:

Verkäufer:	*„Lieber Herr Groß. Sie könnten sich fragen, ob ein Gespräch aus Ihrer Sicht einen Sinn macht, wenn sich in einer halben Stunde nichts geändert hat, richtig?“*
Kunde:	*„Ja.“*
Verkäufer:	*„Sagen Sie, wenn sich also in den nächsten dreißig Minuten nichts positiv für Sie ändert, macht dann ein Gespräch aus Ihrer Sicht einen Sinn?“*
Kunde:	*„Nein..“*
Verkäufer:	*„Gut, dann haben Sie also eine Erwartungshaltung?“*
Kunde:	*„Ja klar.“*
Verkäufer:	*„Welche?“ (Kunde anschauen, lächeln und schweigen)*

Jetzt haben Sie in kürzester Zeit dafür gesorgt, dass der Kunde von Ihnen aktiviert wurde, selbst zu reden, und Sie haben die Möglichkeit, aktiv hinzuhören, was der Kunde will und denkt. Jetzt sind Sie ein Verkäufer. Wenn Sie aber so verfahren, wie viele vermeintliche Verkäufer und den Kunden (tot-) quatschen, dann haben Sie Ihren Erfolg verspielt.

Die Regel heißt also: **Fragen stellen und den Mund halten**, oder wie es mir mein Freund, Weggefährte und Profiverkäufer Uwe Daßler in mein Gehirn brannte:

„Wer eine Frage stellt, gibt das Versprechen ab zu schweigen“.

Als kleine Übung formulieren Sie nun Ihre ganz persönlichen Varianten von Eröffnungsfragen:

____

____

____

____

____

____

____

____

Raum für Ihre Notizen

Verbale, nonverbale Kommunikation und Hirndominanzen

Grundsätzliches zur verbalen und nonverbalen Kommunikation und zu Hirndominanzen

Die Bedeutung der Körpersprache wird oft vernachlässigt, dafür wird jedoch die Konzentration auf das Bemühen um ein souveränes Auftreten gerichtet, z. B. auf die Verbesserung der sprachlichen Ausdrucksfähigkeit. Viele Menschen wünschen sich, schlagfertiger, gewandter im Ausdruck oder ein mitreißender Erzähler zu sein. Was dabei nicht bedacht wird: Über Worte tauschen wir Sachinhalte und Informationen aus. Unsere Gefühle und Empfindungen dagegen teilen wir vorwiegend über die Körpersprache mit.

Wie wir den Gesprächsraum betreten, wie wir schauen, sitzen, stehen, gehen, lächeln – all das legt in kürzester Zeit fest, wie wir auf andere Menschen wirken. Er kann daraus ablesen, ob wir offen, lebhaft, kontaktfreudig, entschlossen oder gehemmt, schwerfällig, zurückhaltend oder zögerlich sind. Gang und Körperhaltung sind das Spiegelbild unserer inneren Verfassung.

Schon von weitem senden wir Signale, z. B. der Kollege, der seine Lohnerhöhung beim Chef nicht durchsetzen konnte oder auch die stolze Tochter, die in Physik die vierte Zwei in Folge kassiert hat.

Der enttäuschte Kollege hat einen eingezogenen Nacken, hängende Schultern, einen gesenkten Blick; die Tochter hingegen richtet sich in der Taille auf, blickt freimütig die Eltern an und trägt den Kopf hoch erhoben.

Mimik

Wie oft ist in Gesprächen der Spruch gefallen: *„In manchen Gesichtern kann man lesen wie in einem Buch."* Wie keine andere Form der nonverbalen Kommunikation ist das Gesicht mit seinen 23 Muskelsträngen dazu geeignet, unsere Gefühle in allen Nuancen widerzuspiegeln. Dreiundzwanzig Muskeln!? Ich bin bei der Recherche zum Buch neugierig geworden. Durch Selbstbeobachtung vor dem Rasierspiegel fand ich heraus, dass mir ein Repertoire von zwölf Gesichtsausdrücken zur Verfügung steht, die exakt vermitteln, was (manchmal) in mir vorgeht. Erstaunlich, oder?

Für mich habe ich mir alle 23 Muskeln und deren Möglichkeiten akribisch aufgeschrieben, denke aber, dass drei Beispiele eines aussagekräftigen Gesichtsausdrucks reichen dürften – immerhin sind sie sehr unterhaltsam:

1.

Ich lasse die Lider hängen und die Lippen auseinanderklaffen, so als hätte ich meine Gesichtsmuskeln nicht mehr unter Kontrolle. Ich genieße es einen Augenblick lang, diesen Eindruck von greisenhafter Verblödung zu erwecken. Um die Sache noch nachdrücklicher für meinen Kunden zu gestalten, wackele ich ein wenig mit dem Kopf hin und her.

2.

Ich straffe Stirn- und Schläfenhaut und lege die Ohren an (soweit das wirklich möglich ist), um meinem Kopf eine fuchshafte Schnittigkeit zu verleihen. Dieser Gesichtsausdruck ist als Warnung gemeint. Mein Gesprächspartner soll aus meinem strategischen Minenspiel den Schluss ziehen: *"Wenn sich dieser Berater dort in einen windschnittigen Fuchs verwandeln kann, dann kann er auch zum Samuraischwert werden, und dann fehlt mir unter Umständen der Kopf."*

3.

Ich lächle süßlich-verbindlich, wobei ich die Süßlichkeit langsam ins Säuerliche und schließlich ins Ätzende übergehen lasse. Auf diese Weise schlägt meine Geduld und meine Umgänglichkeit in Gehässigkeit um, so dass mein Gegenüber, das sich schon lange genug in meinem Wohlwollen gesonnt hat, in Verwirrung gerät und sich fragt: *„Was habe ich diesem Verkäufer getan, dass er mich mit einmal behandelt, als wäre ich eine abflusslose Fäkaliengrube?"*

Inwieweit uns unser Kunde sympathisch findet oder nicht, hängt in erster Linie vom Gesichtsausdruck ab, in zweiter Linie vom Tonfall der Stimme und nur zu einem kleinen Teil vom gesprochenen Wort. Ein verärgerter Kunde schafft es vielleicht, gelassen zu lächeln, aber er spricht mit kühl-distanzierter Stimme und wippt (ist es Ihnen schon aufgefallen?) mit dem Fuß.

Ein klares, offenes Gesicht ohne großes Mienenspiel dagegen signalisiert dem anderen, dass Sie ihn sympathisch finden und interessiert zuhören.

Fazit: Seien Sie in Ihrer Körpersprache offen und freundlich. Zeigen Sie Lust an dem Gespräch und ehrliche Zuneigung, dann wird vieles einfacher und konfliktfreier in Ihrer Kommunikation mit anderen Menschen.

Versprochen!

Hier ein paar grundlegende Beispiele:

Wenn Sie die Hände offen halten, werden Sie auch eine offene Geste bekommen.
Wirkt doch einladend oder?

Offene Hände sind bereit, etwas zu übernehmen.
Dennoch ist der Blick ernst und klar. Hier wird wohl noch nicht klar sein, wie es ausgeht. Sie oder ich?

Verschlossen und „sich sperrend“: Die eine Hand verdeckt die andere. Der leicht geneigte Kopf nach rechts belegt: Hier wird nachgedacht.

Einladend und offen ist diese Geste. Unterstützt wird sie noch durch das freundliche Lächeln. So signalisieren Sie Offenheit.

Sie erkennen hier großes Interesse. Dennoch sind die Hände fest geschlossen und zeigen auf: *„Ich bin kritisch und nicht unbedingt deiner Meinung."*

Mit der Handhaltung einer „Pistole" werden wir wohl keine Freunde. Böser Blick und flache Hand auf dem Tisch zeigen: *„Ich habe das Sagen und du machst das, was ich will. Klar?"*

So eine Präsentation zu halten ist unhöflich.
Der Laptop wird zu einer Barriere. Hier will sich der Präsentator schützen.

So ist es schon besser.
Der Laptop geht zur Seite und beide Gesprächspartner können erkennen, worum es geht. Der Präsentator hat aber noch beide Arme verschränkt.
Auch das geht besser.

So ist es besser.
Beide Gesprächspartner schauen sich an, eine positive offene Gesprächssituation wird hergestellt.

Blick nach links oben. Hier will sich wohl jemand an etwas erinnern? *„Hm, wie haben wir das damals gemacht?“*

Blick nach rechts oben. Hier wird nach Zahlen, Fakten und Daten gesucht und eventuell wird gerade etwas nachgerechnet.

Hochgezogene Augenbrauen und ernsthafter Blick mit zusammengekniffenen Lippen. Selbstzweifel liegt in der Luft: *„Kann ich das schaffen?“*

Blick nach unten und ernsthafte Mimik. Hier wird nachgedacht und geprüft. Sicher kommt gleich eine Frage oder ein Einwand.

„Oh. So, nun zu Ihnen“, sagt dieser Blick aus. Hier folgt eine klare Aussage, verbunden mit einem Angriff oder einer Rechtfertigung.

Positive Mimik, klarer freundlicher Augenkontakt und ein Lächeln. Die Aussage hier: *„Schön, wir haben uns geeinigt und sind Partner in der Gesprächsführung.“*

Gestik

Neben dem Gesicht sind die Hände der sichtbarste und ausdrucksstärkste Teil des Körpers. Im Idealfall untermalen Handbewegungen unsere Äußerungen. Sie unterstreichen den Sprechrhythmus und illustrieren das Gesagte. Die "Sprache der Hände" betont die Persönlichkeit, erzeugt Lebendigkeit und Ausdrucksstärke. Ganz wichtig dabei: Bei Gesprächspartnern kommen offene Gesten besser an als dominante oder verdeckte Handbewegungen.

Achten Sie deshalb in Gesprächen bewusst auf geöffnete, entspannte Hände und Finger. Sie zeigen Ihrem Gegenüber, dass Sie in partnerschaftlicher Absicht hier sind und nichts zu verbergen haben. Wie Sie beim Sprechen nun die Hände und Arme bewegen ist eine Sache des Temperaments und von Mensch zu Mensch verschieden.

Richtig.

Offene Hände zeigen: *„Ich habe nichts zu verbergen und bin offen für Neues."*

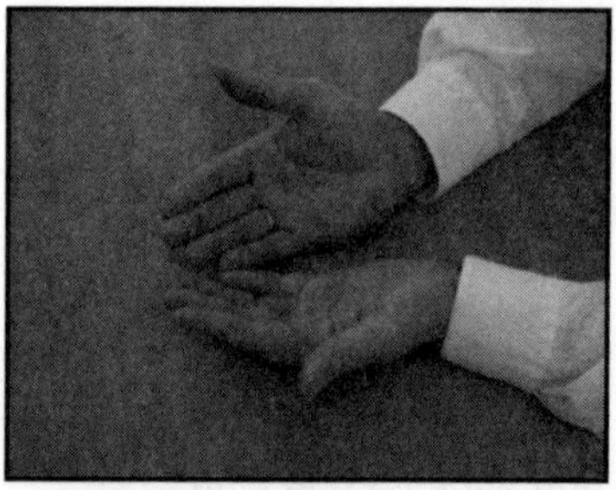

Falsch.

Geschlossene Hände zeigen: *„Ich habe etwas zu verbergen und bin nicht offen für Neues."*

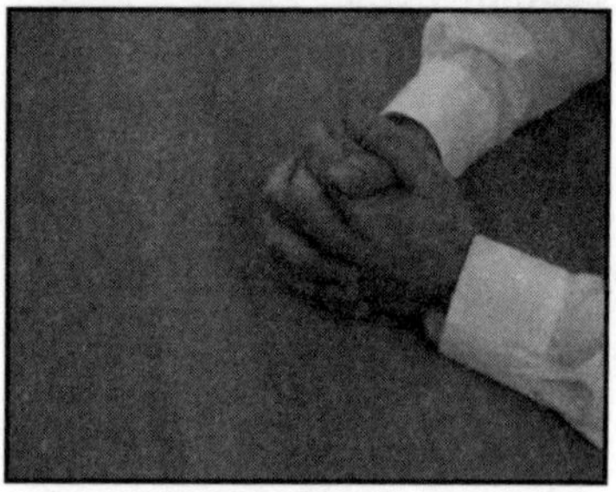

Stimme

Im alltäglichen Kontakt mit Menschen – wir wissen es alle – verraten Tonfall, Stimmhöhe und Sprechtempo über unsere Befindlichkeit oft mehr, als uns lieb ist. Auf den Punkt gebracht: Wir brauchen für die Stimme (Tonerzeugung) Luft und Raum. *"Atmung",* so der Altmeister der Sprecherziehung Julius Hey, *"und das lockere Muskelspiel des gesamten Körpers".* Je positiver Sie denken, je entspannter Sie sind, desto angenehmer klingt auch Ihre Stimme.

Sie können das üben: Hören Sie Ihre Stimme auf dem Kassettenrekorder, MP3-Player oder auf dem Anrufbeantworter ab, auch wenn das ein bisschen Überwindung kostet. Ist Ihre Stimme zu laut, zu leise, monoton, schrill, lebendig, schön moduliert? Oft hilft es schon, am Satzende mit der Stimme herunterzugehen, das Sprechtempo zu variieren und gezielte kurze Pausen zu machen, um mehr Aufmerksamkeit beim anderen zu finden. Also: Versuchen Sie, ein Gefühl für Ihre Stimmlage zu bekommen. Szenen aus dem Privatleben beweisen, dass das geht. Da sind wir nämlich durchaus in der Lage, in einem Moment wütend und lautstark mit dem Partner zu streiten und im nächsten mit sanfter Stimme den Liebeskummer der Tochter zu beruhigen.

Ziehen wir die Schlussfolgerung: Solange Sie und Ihr Gesprächspartner sich auf der Beziehungsebene gut verstehen, nimmt Ihr Gegenüber ein Maximum an Informationen auf.

Ist diese Beziehungsebene, aus welchen Gründen auch immer, gestört, ist die Verarbeitung der informativen Sachinhalte jedes Verkaufsgesprächs stark beeinträchtigt. Die Psychologie spricht dann von einem psychologischen „Nebel“, der die Gesprächspartner in ein diffuses Miteinander geraten lässt, in dem sie aneinander vorbei argumentieren.

Machen Sie sich bewusst, dass nur ein aufrichtiges, vorurteilsfreies, partnerschaftliches Interesse von Ihrer Seite die Voraussetzung für überzeugendes Verhandeln auf positiver Beziehungsebene sein kann.

Gut so, dass dann an dieser Stelle die gespielte, antrainierte „Show der Superstar-Verkäufer“ ein jähes Ende nimmt – denn flunkern und lügen kann man mit der Zunge, aber nicht mit seinem Körper.

Nun etwas zu unseren Hirndominanzen.

Bereits den alten Ägyptern ist aufgefallen, dass wir über zwei Gehirnhälften verfügen. Sicher haben Sie schon von der Einteilung in eine rechte und eine linke Gehirnhälfte gehört. Der Vollständigkeit halber möchte ich auf diesen Bereich eingehen. Denn gerade im Verkauf ist es von immenser Bedeutung zu verstehen, wie diese „Hälften“ arbeiten.
Vor kurzem sah ich einen Film, in dem der Schauspieler sagte: „Mensch, jetzt könnte ich mich besaufen“, aber er überlegte kurz und sagte zu *sich „Nein, das geht jetzt nicht, ich muss noch etwas erledigen.“*

„Aber andererseits – Ihr da oben wart es, die mich auf diesen Gedanken brachtet, also seid ihr jetzt auch verantwortlich!“

Dieses amüsante Schauspiel sollte spielerisch aufzeigen, wie die beiden Gehirnhälften funktionieren. Sachlich-rational und bildhaft-emotional.

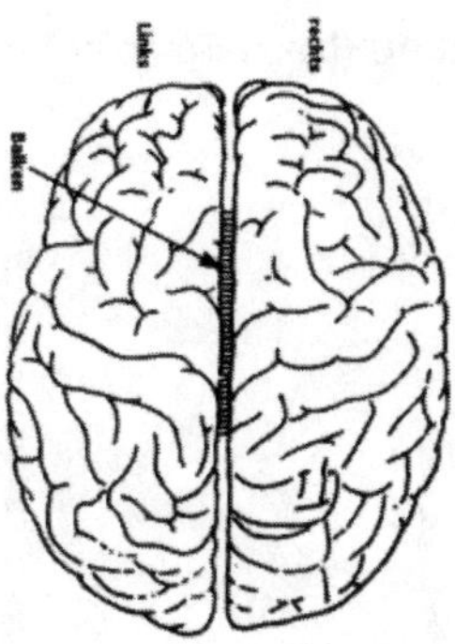

Eine strikte funktionale Trennung der rechten und der linken Gehirnhälfte macht keinen Sinn. Nur als gesamtes Netzwerk ist die Schaltzentrale im Kopf in der Lage, komplexe Gedankengänge und schöpferische Kraft zu entwickeln. Dennoch sind einzelnen Regionen und damit auch den Hirnhälften bestimmte Funktionen zuzuordnen.

So findet ein wesentlicher Teil der Sprachverarbeitung in der linken Hälfte statt. Auch das Zentrum des logisch-analytischen Denkens wird hier vermutet. Dem rechten Teil des Gehirns werden eher Eigenschaften wie Musikalität, Emotionalität und Kreativität zugeschrieben.

Bei allem Streit um die Zuordnung der Hirnfunktionen besteht an einer Aussage kein Zweifel: Legt man die unten skizzierte Verteilung zugrunde, so lassen sich beide Gehirnhälften gezielt zuordnen.

Die beiden Hemisphären des Gehirns

Hirndominanzen und Verarbeitung (Nach Spinola/ Peschanel)

logisch,
mathematisch,
linear,
detailliert,
verbal,
kontrolliert,
aktiv,
intellektuell,
schreiben,
analytisch,
erinnert sich an Namen

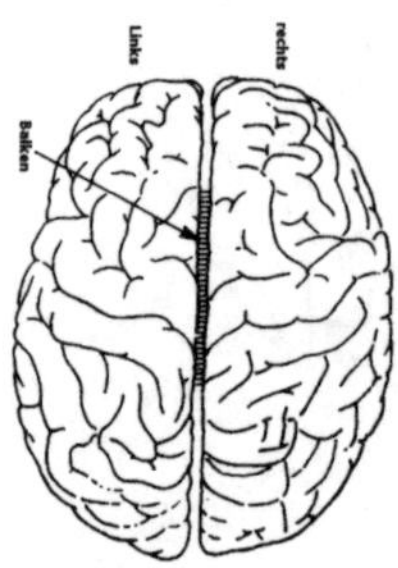

figurativ
symbolisch,
intuitiv,
kreativ,
musikalisch,
emotional,
lesen,
träumerisch,
sprunghaft,
erinnert sich an Gesichter

Eine kleine Typologie

Linke Gehirndominanz	**Rechte Gehirndominanz**
Er denkt in Worten, also linear, Schritt für Schritt. Sein Zuständigkeitsbereich sind Logik und Grammatik der Sprache.	Er denkt in Bildern und Analogien. Sein Zuständigkeitsbereich ist der Klang der Sprache, die Wortmalerei sowie die Körpersprache.
Er sucht einfache Lösungen für komplexe Probleme und konzentriert sich dabei auf Details, läuft aber Gefahr, sich zu verzetteln. Sein Leitbild ist die konkrete Aktion.	Er sucht die Synthese und behält auch dann den Überblick, wenn er die Details nicht (er)kennt. Sein Leitbild ist „die große Idee“.

Da er immer eins nach dem anderen tut, muss er seine Konzentration immer auf einen Punkt richten z. B. auf den Satz, den er gerade hört oder sagt.	Da er holistisch denkt, hört er auf die Botschaft des Gesagten.
Er kann rechnen und wissenschaftlich vorgehen.	Er hat einen Sinn für Ästhetik, ist künstlerisch orientiert und kann Gedichte schreiben, Musik komponieren...
Er ist zuständig für kausale (= formale) Logik, kann also logische Schlüsse aus Daten und Fakten ableiten.	Seine Logik ist akausal. Er akzeptiert das Sowohl-als-auch und denkt in Regelkreisen und Wechselwirkungen.

Infolgedessen argumentiert er auch logisch und hat für alles eine Erklärung.	Er argumentiert oft mit Gefühlen und Intuition und gibt auch schon mal zu, etwas nicht zu wissen.
Auch sein Lernprozess verläuft hauptsächlich in der Auseinandersetzung mit Fakten.	Er lernt durch Aktion, Tun und Beobachten.
Er erstellt Regeln und erkennt Gesetzmäßigkeiten. Hat er sie einmal erkannt, möchte er sich auch an sie halten.	Er ist innovativ und kreativ. Regeln und Gesetzmäßigkeiten kümmern ihn wenig, d. h. er neigt dazu, sie zu sprengen und nach neuen Wegen zu suchen.

(Quelle: „In Bildern reden: Die neue Redekunst aus Ditkos Schule“
Peter H. Ditko; Norbert Q. Engelen- Düsseldorf 1996)

Sieben Sekunden entscheiden

Sieben Sekunden entscheiden

Unmittelbar beim Zusammentreffen mit einem potenziellen Kunden entsteht ein erster Eindruck. Nach etwa sieben Sekunden bildet sich der Kunde eine erste Meinung vom Berater oder Verkäufer – also über Sie! Ob **Sie wollen oder nicht.**

Wieso eigentlich sieben Sekunden, könnten Sie sich fragen.
Aktuelle Erkenntnisse der Hirnforschung belegen, dass sich unser *Ultrakurzzeitgedächtnis* für ca. sieben Sekunden etwas „merken“ kann. Das heißt, dass innerhalb dieser Zeit, das *Kurzzeitgedächtnis* aktiv wird und das Erfasste dann bis zu sieben Minuten dort haften bleibt. Danach geht das Erfasste entweder ins *Gedächtnis* zum „Merken“, oder ab in den Mülleimer – bildhaft gesprochen.

Zugegebenermaßen, wird dieser komplizierte Vorgang hier sehr populärwissenschaftlich und verkürzt dargestellt, aber es reicht, um zu verstehen, dass der erste Eindruck entscheidend ist.

Wir versetzen uns jetzt in den Besuch eines Baumarktes. Haben Sie dies auch schon erlebt? Egal zu welcher Uhrzeit Sie den Markt betreten, oft wird Ihnen das Gefühl vermittelt: *„Kunde, du störst!“.* Erst vor kurzem musste ich einem Baumarkt einen Besuch abstatten. Wir benötigten zuhause zwei neue Glühlampen, und da ich ja der „Mann im Hause“ bin, war der Weg dorthin meiner.
Als ich den Baumarkt betrat und die „Luftschleuse“ hinter mir ließ, suchte ich vergebens einen Mitarbeiter, der mir helfen sollte.

Erst spät entdeckte ich dann hinter einem Regal zwei in Dienstkleidung stehende Menschen, die offensichtlich gerade in einer lustigen Besprechung vertieft waren.
Woran ich das erkannte? Beide unterhielten sich und einer lachte schallend und laut.

Ich ging also auf die beiden Mitstreiter dynamisch und geradewegs zu. Einer entdeckte mich, über die Schulter des anderen. Er blinzelte und sein Gesicht wurde, je näher ich kam, ernster und ernster.

Ich hatte, so dachte ich, mein Ziel erreicht: *„Guten Tag“,* sagte ich.
Beide schauten mich verdutzt an und brachten dann auch ein *„Tach“* heraus. Ich fragte höflich nach der Lampenabteilung und wer mich dorthin begleiten würde.
Sie schauten sich nun gegenseitig an und nicht mehr mich.
Eine gerunzelte Stirn und ein Achselzucken sollten mir wohl zeigen, dass sie dazu keine Lust hätten. Sie sagten mir, wo die Abteilung ist und wie ich dahin käme, denn sie seien dafür nicht verantwortlich.

Ich wurde nun doch etwas forsch und fragte den einen der beiden: *„Sagen Sie Herr ???, arbeiten Sie hier?“* Er antwortete: *„Ja, das tue ich!“*
Ich fragte weiter. ***„Sagen Sie mal, wieso bemerke ich das nicht?“***
Da war´s auf einmal ruhig! Eine abschließende Frage konnte ich mir dann doch nicht verkneifen. *„Können Sie mir einen kleinen Gefallen tun?“ „Ja!“*, sagte der andere. *„Gut, dann versuchen Sie zu lächeln, denn ich bin ein Kunde und Sie werden wegen mir hier beschäftigt und bezahlt. Klar?“* Beide nickten.

Sie können sich vorstellen, dass ich diesen Baumarkt nie wieder betreten habe.

Der erste Eindruck ist immer entscheidend. Es entsteht eine Meinung, die schwer rückgängig gemacht werden kann.
Diese Meinung kann positiv, neutral oder negativ ausfallen. Deshalb müssen in Ihrem Kopf zwei wichtige Fragen parat sein:

Die erste: Wie wirke ich?
Die zweite: Wie spreche ich?

Alles, was in lebhafter Abfolge zeitgleich im Kopf des Gesprächspartners entsteht, ist ein Gefühl. Gehen Sie also davon aus, das Gefühl siegt immer über den Intellekt.
Das einmal entstandene Gefühl ist ausschlaggebend für das weitere Verhalten Ihres Kunden.
Bei dem gerade begonnenen Gespräch wird schon in den ersten Sekunden meist grundsätzlich entschieden!

Gelingt es Ihnen, in dieser minimalen Zeitspanne ein positives Gefühl zu hinterlassen, haben Sie viel Zeit und Verkaufschancen gewonnen. Sie werden danach nicht so hart arbeiten müssen!

Für den ersten Eindruck gibt es – leider – kaum eine zweite Chance!

Diese Überlegungen legen nahe, auch auf den Kern des beginnenden Gespräches zu blicken und in Gedanken, im Dialog mit sich selbst, das eigene Sprechen zu überprüfen.
Hier gilt die erste Regel:

Bekämpfe das ICH im Gespräch.

Das „ICH“ muss aus dem Verkäufer-Gedächtnis ausgebürgert werden!
Verbannen Sie aus Ihrem Wortschatz auch

- **mein**
- **mir**
- **mich**
- **man**
- **wir**

Diese Wörter sind für das Gespräch wie auch für jede Verhandlung gänzlich ungeeignet.
Immer wenn Sie davon reden, was Sie können und wollen, denken Sie nicht vom Kunden ausgehend. Die „Man“- und „Wir“- Sprache sind die Krönung des törichten Verkaufs.

- **Man müsste mal...**
- **Man sollte mal...**
- **Und man kann ja mal...**

Das ist einfach nur grottenschlecht.

Toppen können schlechte Berater und Verkäufer dies nur noch mit dem Wort „Wir".

„Wir" ist die Krankenhaussprache, die kennen Sie.

- **Wir können ja mal schauen...**
- **Na, wie haben wir denn heute unsere Tabletten genommen?**
- **Haben wir auch schön geschlafen?**
- **Na, wie war denn unsere OP?**

Das ist verkäuferisch wirklich unsinnig. Stellen Sie sich vor, der Kunde sagt:

"Ich muss über die Entscheidung noch mal eine Nacht schlafen". Sagen Sie dann als Verkäufer: *„Lassen Sie uns das gemeinsam tun."?*

Immer wenn wir sagen:

- **Schauen wir uns das mal genau an.**
- **Lassen Sie uns gemeinsam prüfen.**
- **Wollen wir mal rüberschauen?**
- **Können wir einmal genau hinschauen....**

Bringen wir uns in die Beraterfalle. Denn wenn der Kunde Widerstand leistet, sind wir mitgefangen im nicht mehr vorhandenen Verkaufsprozess.

Richtig ist es, vom Kunden ausgehend zu denken, seine Sicht der Dinge zu berücksichtigen.

Sprechen Sie ihn häufiger mit Namen an, das wirkt vertrauensbildend und bricht das Eis anfänglicher Zurückhaltung. Vermitteln Sie den Nutzen für Ihren Kunden. Um einen Nutzen aufzuzeigen, müssen Sie zunächst den tatsächlichen Bedarf kennen. Um den Bedarf erkennen zu können, sprechen Sie nicht über die eigenen Möglichkeiten und Chancen, sondern über die des Kunden. Den Bedarf des Kunden können Sie nur erkennen, wenn Fragen nach seinem Bedarf gestellt wurden.

Finden Sie heraus, was der Kunde wirklich will, und helfen Sie ihm, es zu bekommen.

Vermeiden Sie bei Fragen eigene Antworten und in Redewendungen stets „ich, mein, mir und mich, wir und man“ wie zum Beispiel:

Ich empfehle Ihnen...

falsch

Sie haben die Möglichkeit...

ist richtig

Mein Gefühl sagt mir...

falsch

Sie könnten nun selbst überlegen...

ist richtig

Mir gefällt die Sache...

falsch

Sie können nun die Sache selbst prüfen ...

ist richtig

Mich beeindruckt die Sache, weil...

falsch

Wollen Sie die Wirkung der Sache...

ist richtig

Ich denke, es macht Sinn, wenn wir...

falsch

Wenn Sie die Sinnhaftigkeit selbst erkennen...

ist richtig

Haben Sie einen Moment Zeit für mich, damit…

falsch

Haben Sie einen Augeblick Zeit für sich, damit…

ist richtig

Es bleibt keine Alternative. Es gibt nur das unbedingte Muss in der Verwendung der direkten **„Sie"- Ansprache** im Verkaufsgespräch.
Es befördert Gemeinsamkeiten, kann Verbindungen aufbauen und hilft, Vertrauen zu entwickeln.

So beziehen Sie den Kunden in die Verantwortung mit ein und aktivieren ihn, sich selbst am Gespräch zu beteiligen.

Einleitende Bemerkungen zum Verkaufsgegenstand, wie:

- **„Haben Sie einen Augeblick Zeit für sich, damit Sie erkennen..."**
- **„Haben Sie einen Augeblick Zeit für ihr Unternehmen, damit Sie erkennen..."**
- **„Haben Sie einen Augeblick Zeit für ihr Geld, damit Sie erkennen..."**
- **„Sie haben die Möglichkeit..."**
- **„Schauen Sie doch selbst nach, ob Sie..."**
- **„Wenn Sie die Chance hätten..."**
- **„Wenn Sie nun entscheiden würden, wie..."**
- **„Würden Sie eine Strategie unterstützen, wenn..."**

haben einen anregenden Aussagebeginn.

Der Kunde oder auch Mitarbeiter erhält das Gefühl, dass er entscheiden kann und dass seine Wünsche ernst genommen werden.
Er beginnt zu begreifen: „Ich werde wirklich ernst genommen.“

Neukundenakquise

Empfehlungen leicht gemacht

Neukundenakquise

Empfehlungen – leicht gemacht

Viele Verkäufer beschäftigen sich während ihrer gesamten Arbeitszeit mit Stammkunden. Oft akquirieren Sie keine neuen Kunden, bekommen keine Referenzen und werden nicht weiterempfohlen. Damit sind Sie nicht allein, es geht vielen Vermarktern so. Weshalb?

Ganz einfach: Weil sie nicht gefragt haben!

Eine Frage höre ich als Verkaufstrainer immer wieder: *„Wie komme ich zu neuen Kunden?“* Neue Kunden zu gewinnen heißt, bestehende Kunden zu begeistern und sie dann zu motivieren, eine Empfehlung auszusprechen. Und das ist gar nicht so schwer!

Haben Sie keine Hemmungen, werden Sie einfach aktiv!

Das Wichtigste ist, ins Gespräch zu kommen, seine Angst vor Ablehnung zu überwinden und den Mut zu haben, neue Wege zu gehen. Vermarkten Sie sich und Ihr Produkt aktiv, nicht passiv. Das Internet und die Website sind bestimmt hilfreich, aber viele Kunden gewinnen Sie nur im direkten Kontakt.

Haben Sie keine Angst! Denn wieso sollten Sie? Sie sind ein guter, seriöser, sachverständiger Berater und Verkäufer. Weshalb sollten Sie also nicht von sich überzeugt sein?

Der Kunde ist doch bei Ihnen in guten Händen und das kann sich ruhig herumsprechen!

Es stellen sich nun aus meiner Sicht drei Fragen:

- **Wieso fragen wir nicht nach Empfehlungen?**
- **Wieso scheuen wir uns, beim Kunden Referenzen einzufordern?**
- **Weshalb fällt es uns oft so schwer, am Ende eines Gespräches eine Weiterempfehlung zu bekommen?**

Ich glaube, dass es hierfür zwei Gründe gibt:

- **Erstens ist unser Selbstwertgefühl nicht stark genug ausgeprägt, um Weiteremfehlungen zu erfragen, weil wir uns oft wie ein „Bittsteller“ fühlen.**
- **Zweites fehlen uns oft die Methodenkompetenzen und die Empfehlungstechniken.**

Aus meiner Sicht können Sie Ihr Selbstwertgefühl nur durch das Tun stärken. Sie können nicht erwarten, dass Ihr Mut wächst, indem Sie lediglich abwarten und hoffen.
Die Aussage *„Ich hoffe, dass es heute klappt“* sagt doch schon, dass Sie hoffen. Hoffen bedeutet nicht wissen und nicht wissen bedeutet, dass Sie in letzter Konsequenz sich nicht selbst vermarkten werden. Was ist nun los?
Menschen haben oft Angst vor Ablehnung. Das ist auch kein schönes Gefühl. Um dieses Gefühl gar nicht erst zu bekommen, wird dann auch nicht gefragt.

Nehmen wir als Beispiel einen Besuch in der Disko. Ihnen gefällt eine Frau oder ein Mann, und Sie sprechen sie/ihn nicht an. Wieso denn nicht? Weil Sie keinen „Korb" bekommen wollen. Was passiert dann? Sie werden diesen Menschen nicht kennen lernen! Wer ist dafür verantwortlich? Sie selbst sind es!

Das wäre ziemlich schade, finden Sie nicht auch? Ändern Sie Ihre Einstellung. Machen Sie sich doch einen Spaß daraus, eine „Abfuhr" zu bekommen. Ich hatte in meiner frühen Jugend oft mit solchen „Körben" leben müssen. Schließlich habe ich mir dann überlegt, wie ich mein „schlechtes Gefühl" wenigstens loswerde. Dann bin ich auf die, zugegebenerweise ein wenig kindische, aber wirkungsvolle Idee gekommen, indem ich zu der mich ablehnenden Frau Folgendes gesagt habe: *„Darf ich Ihnen dann wenigstens etwas geben?"* Meist kam ein verdutztes *„Ja".* Dann gab ich ihr zehn Pfennige in die Hand mit der Bemerkung: *„Ich bezahle meine Körbe!"*

Jetzt war *sie* verdutzt und ich hatte ein besseres Gefühl und musste innerlich auch noch lachen. (PS: Ich hatte eine teure Jugend!)
Auch wenn Sie vielleicht nicht sofort zu dem kommen, was Sie wünschen – Sie können es schaffen, und Sie selbst treffen die Entscheidung dazu.

Was kann schon passieren? Im schlimmsten Fall passiert nichts.

Hätte ich die Frau in der Disko nicht gefragt, wäre ich alleine nach Hause gegangen, nun habe ich Sie gefragt und gehe auch alleine nach Hause.

Es hat sich also an meiner jetzigen Situation noch nichts geändert. Denn im schlimmsten Fall passiert einfach nichts, aber das kann sich ja auch ändern.

Beim Empfehlungsgespräch ist es nicht anders.
Hätte ich nicht beim Mandanten nach einer Empfehlung gefragt, wäre ich ohne eine Empfehlung nach Hause gegangen, nun habe ich nach einer Empfehlung gefragt und habe keine Empfehlung bekommen. Dann gehe ich auch nach Hause, nur ohne eine Empfehlung. Es hat sich nichts geändert. Denn wie bereits gesagt, im schlimmsten Fall passiert einfach nichts.

Nutzen Sie jede Gelegenheit – Kunden sind überall.
Wir kennen eine große Anzahl von Menschen, mit denen wir reden können: Ob Kollegen (die auch Chefs haben), ob in einem Club, in einer Sportgemeinschaft, in einem Chatroom, in Marketingclubs, auf Veranstaltungen oder Messen, in Interessengruppen, im Freundeskreis und so weiter. Überall gibt es Gelegenheiten, mit Menschen ins Gespräch zu kommen.

Im nächsten Schritt erkennen Sie den Bedarf und zeigen Ihrem potenziellen Neukunden die Chancen auf.
Um dem Kunden einen Nutzen aufzuzeigen, sollten Sie aber erst den Bedarf des Kunden erkennen. Um aber den Bedarf zu erkennen, dürfen Sie nicht über Ihre eigenen Möglichkeiten und Chancen reden, sondern über die Chancen und Möglichkeiten des Kunden! Dazu müssen Sie fragen, nachfragen und vor allem hinterfragen.

Wenn ich dann einen Menschen von mir und dem Nutzen der Dienstleistung oder des Produktes durch den Kauf überzeugen kann, brauche ich nur noch empfohlen zu werden und alles ist paletti, wie man bei mir in Berlin sagt.

Kommen wir an dieser Stelle zur Methodenkompetenz:
Wenn Sie empfohlen werden wollen, müssen Sie zuerst einmal eine empfehlenswerte Leistung erbringen!

Das klingt erst einmal banal. Ist aber von immenser Wichtigkeit. Ich kann keine Empfehlung bekommen wollen, wenn ich halbherzig und unvollkommen meinen Job mache. Deshalb ist es von immenser Wichtigkeit, dass Sie Ihren Job nicht nur mögen, sondern lieben.
Das bemerkt der Kunde sofort, glauben Sie mir.

- **Nur wer zufrieden ist, empfiehlt!**
- **Zufriedenheit setzt die richtige Erwartung voraus!**
- **Richtige Erwartungen baut man durch Glaubwürdigkeit <u>und</u> fachliche Kompetenz auf.**

Ich möchte Ihnen nun einige Beispiele zu Empfehlungsfragen und Empfehlungsgesprächen aufzeigen. Diese Beispiele ermöglichen Ihnen, eigene Dialoge und Techniken für sich selbst abzuleiten und in der Praxis auszuprobieren.

Einige Empfehlungsfragen:

- **„Andere Kunden empfehlen mich weiter, Sie auch?“**
- **„Andere Kunden erzählen anderen Kunden von mir, Sie auch?“**
- **„Sie treffen Ihren besten Freund und müssten ihm von mir erzählen. Was würden Sie dem sagen?“**
- **„Andere Kunden sagen Folgendes über mich... Ist das auch Ihre Meinung?“**
- **„Was hat Ihnen von all dem, was wir gemacht haben, am besten gefallen?“**
- **„Was spricht jetzt aus Ihrer Sicht dafür, anderen von mir zu erzählen?“**

Drei Beispiele zum Empfehlungsgespräch:

Beispiel 1:

Verkäufer/Berater:	*„Gibt es Menschen in Ihrem Umfeld, die Sie lieben oder mögen?“*
Kunde:	*„Ja klar.“*
Verkäufer/Berater:	*„Wollen Sie diesen Menschen Gutes tun?“*
Kunde:	*„Ja klar, logisch.“*
Verkäufer/Berater:	*„Gönnen Sie denen auch xxx Vorteile?“*
Kunde:	*„Na klar.“*
Verkäufer/Berater:	*„Wer ist das genau, dem Sie das gönnen?“*

Beispiel 2:

Verkäufer/Berater	*„Guten Tag Herr …, wir haben vor … zusammen gesessen und über … gesprochen.* Mir ist aufgefallen, dass Sie mich gar nicht weiterempfohlen haben. Kann es sein, dass ich Sie gar nicht danach gefragt habe?“
Kunde:	*„Genau, stimmt.“*
Verkäufer/Berater	*„Dann wird es genau beim nächsten Gespräch darum gehen.* *Wann haben Sie in der nächsten Woche gar keine Zeit?“*
Kunde:	*„Am Mittwoch.“*
Verkäufer/Berater	*„Wann wollen Sie mich dann einladen, oder, wann wollen Sie mich nächste Woche einladen?“*
Kunde:	*„Am Donnerstag würde es gut passen.“*

Wie sagt es gern Hans D. Schittly:

Mit Kunden macht man Termine, Freunde lädt man ein!

Beispiel 3:

Verkäufer/Berater:	*„Bevor wir zum Grund unseres heutigen Treffens kommen, möchte ich eine Bitte äußern, darf ich?“*
Kunde:	*„Ja.“*
Verkäufer/Berater	*„Ich möchte Ihnen eine Frage stellen? O.K.?“*
Kunde:	*„Ja klar.“*
Verkäufer/Berater:	*„Was hat Ihnen an der Dienstleistung bzw. Beratung/Zusammenarbeit bisher am besten gefallen?“*
Kunde:	*„Dies, jenes und so weiter.“*
Verkäufer/Berater:	*„Das heißt, Sie halten die Dienstleistung für empfehlenswert?“*
Kunde:	*„Na selbstverständlich.“*
Verkäufer/Berater	*„Dann dürfen Sie sich selbst jetzt Ihren Gefallen tun.* *Wer von den Menschen/Unternehmen in Ihrem Umfeld, hat das Recht diesen xxx Vorteil auch genießen zu dürfen?“*
Kunde:	*„Der, diese oder jener.“*
Verkäufer/Berater:	*„Herzlichen Dank für Ihre Weiterempfehlung!“*

Merke:

Wenn sich ein Kunde über Ihre gute Beratung freut, dann kann er Sie auch weiterempfehlen, damit sich noch mehr Menschen freuen können.

Prolepsis, eine geniale Empfehlungstechnik

Prolepsis, eine geniale Empfehlungstechnik

Erfahren Sie durch Prolepsis was der Kunde denkt?
Sie könnten sich nun die Frage stellen: Was ist Prolepsis? Und eigentlich wissen Sie es damit schon.

Denn die Definition lautet: Prolepsis ist eine rhetorische Methode, zu erwartende Einwände oder Argumente des Gegenübers vorwegzunehmen, um sie zu unterstellen, zu bestätigen oder zu widerlegen.

Der Ausdruck kommt aus dem Griechischen und setzt sich zusammen aus „pro“ (vor) und „katalepsis“ (Fassen, Ergreifen). Die Formulierung „Sie könnten sich die Frage stellen“, sorgt bereits dafür, dass Ihr Gegenüber sich diese Frage wirklich stellt.

Prolepsis anzuwenden bedeutet, dem Gedanken des Kunden vorzugreifen und so das Gespräch zu lenken und den Kunden zu seinem eigenen Erfolgserlebnis zu führen. Er soll erkennen und nicht nur erahnen, was seine Chancen, Vorteile und sein Nutzen sind.

Formulierungsvorschlag

Berater/Verkäufer:	*„Sie werden sich vielleicht selbst die Frage gestellt haben, ob eine Zusammenarbeit für Sie mit unserem Unternehmen von Nutzen sein kann, richtig?“*
Kunde:	*„Ja.“*
Berater/Verkäufer:	*„Dann bedeutet dies, dass Sie eine klare Zielvorstellung haben, korrekt?“*
Kunde:	*„Genau.“*
Berater/Verkäufer:	*„Gut. Was sollen wir aus Ihrer Sicht tun oder unterlassen, damit Sie vollauf zufrieden sind?“*

Nun ist der Kunde aktiviert und sagt Ihnen, was Sie zu tun oder zu unterlassen haben. Halten Sie sich daran, und Ihre Weiterempfehlung klappt mit einer wesentlich höheren Wahrscheinlichkeit.

Mit Prolepsis ist alles viel einfacher. Sie steigen gekonnt in das Gespräch ein, Sie führen als Verkäufer das Gespräch seriös und konsequent und ermöglichen dem Kunden, seine echten und realen Wünsche, Ziele und damit seinen wahren Nutzen herauszuarbeiten.

Fangen Sie an – Sie haben nichts zu verlieren.
Wenn Sie auf diese Weise nur einen Kunden gewonnen haben, kann es weitergehen. Jetzt holen Sie sich Empfehlungen und Referenzen. Sie müssen nur danach fragen!

Nochmals: Vor dieser Frage haben viele Verkäufer Angst. Doch dafür gibt es gar keinen Grund.

Wenn Sie nicht nach einer Empfehlung fragen, passiert nichts. Wenn Sie fragen und keine Empfehlung bekommen, passiert auch nichts. Sie haben also nichts zu verlieren.

Wichtig: Versuchen Sie es bei jeder Gelegenheit!

Fragen Sie nach Empfehlungen.
Fragen Sie immer am Anfang eines Gespräches:

Berater/Verkäufer:	*„Herr Kunde. Was sollte ich tun und oder unterlassen, damit Sie zufrieden sind?"*
Kunde:	*„Dies und jenes …"*
Berater/Verkäufer	*„Das heißt, wenn Sie zufrieden sind und ich die von Ihnen genannten Dinge korrekt erledige, dann halten Sie das für empfehlenswert?"*
Kunde:	*„Ja."*
Berater/Verkäufer:	*„Danke, ich komme später darauf zurück!"*

Nun sind Sie verpflichtet nach getaner Arbeit auch tatsächlich darauf zurückzukommen.

Berater/Verkäufer:	*„Lieber Kunde, Sie sagten, dass Sie mich nur empfehlen, wenn ich Ihre genannten Kriterien erfülle. Stimmt dies?“*
Kunde:	*„Ja.“*
Berater/Verkäufer:	*„Habe ich sie erfüllt? Waren Sie mit mir zufrieden?“*
Kunde:	*„Ja.“*
Berater/Verkäufer:	*„Es wäre schön, wenn Sie mich weiterempfehlen. Wissen Sie, ich mache meinen Job richtig gerne, wie sie bestimmt auch gemerkt haben.“*
Kunde:	*„Ja.“*
Berater/Verkäufer:	*„Gut! Welcher Kunde, Freund oder Kollege fällt Ihnen ein, der genau diese Dienstleistung benötigt?“*
Kunde:	*„Herr X, Unternehmen Y…“*
Berater/Verkäufer:	*„Herzlichen Dank für Ihr Vertrauen.“*

Wenn Sie jeden zufriedenen Kunden konsequent nach neuen Empfehlungen fragen, erweitern Sie Ihr Verkaufs-Gebiet ständig!

Raum für Ihre Notizen

Vorwände und Einwände sind berechtigte Gesprächsbeiträge

Vorwände und Einwände sind berechtigte Gesprächsbeiträge

Als kleines Kind war ich oft mit meinen Eltern im Urlaub und habe dort für mein Leben gern an einem kleinen Fluss gespielt. Das Erste, was ich baute, war ein kleines Wasserrad am Flüsschen, das super klapperte, und als Zweites baute ich Schiffchen, die ich aus Holz schnitzte. Nachdem ich die Schiffchen fertig hatte, habe ich sie mit meinen Freunden dann in den Bach gesetzt und konnte zuschauen, wie sie von dannen schipperten. Nach einer Weile machte uns dieses Spiel keinen Spaß mehr und wir beschlossen, einen Wall aus Holz und Schlamm zu bauen, so dass die Boote nun vor uns schwammen, und im aufgestauten Wasser konnten wir uns nun länger an ihnen erfreuen. Fatal war, dass das Wasser des Baches sich nicht an diesem Spiel beteiligen wollte und sich immer wieder einen Weg suchte, um unseren gebauten Wall zu umgehen.

Eines Tages – etwas später – hatte ich dabei erkannt, dass das Wasser sich immer seinen eigenen Weg sucht und sich nicht so einfach aufhalten lässt. Es geht den Weg, den es am leichtesten findet, und es zeigte sich dann erst Jahre später die Erfahrung im Verkauf: Es gibt immer einen Weg, es geht immer weiter. Selbst wenn ich Hindernisse im Weg habe, die mich hindern, weiter zu machen, es gibt immer einen Weg, das Hindernis zu umschiffen. So hat es ja auch das Wasser mit unseren Schiffchen getan.

Einwände sind wie ein Wall im Flüsschen. Es gibt immer einen Weg. Einwände können Sie behandeln oder eben umschiffen.

Deshalb: Ein- und Vorwände sind grundsätzlich nichts Schädliches und stellen auch keinen Angriff auf eine Person dar. Soviel als Klarstellung vorweg.

Sprachwissenschaftler haben die Bedeutung der Begriffe untersucht und ihre Unterschiede definiert:

Einwand: Eine (gegen etwas vorgebrachte) abweichende Auffassung: ein berechtigter Einwand; gibt es (irgendwelche) Einwände (dagegen). Sinnverwandt: Einspruch.

Vorwand: Nicht zutreffender, nur vorgegebener, als Ausrede benutzter Grund: Er ist unter einem Vorwand verreist; etwas zum Vorwand nehmen. Sinnverwandt: Ausflucht, Ausrede, Entschuldigung, Finte, Mittel.

(Quelle: Schülerduden Bedeutungswörterbuch [1986], Mannheim: Bibliographisches Institut.)

Allgemein neigt der Mensch aber dazu, Ein- und Vorwände als persönlichen Angriff zu werten. Diese Reaktion führt unweigerlich in eine innere Abwehrhaltung und begünstigt immens die Verteidigerposition.
In diese Position muss man sich aber nicht begeben, wenn man erkennt, dass Einwände und Vorwände hilfreich sein können, denn sie beleben jede Form von Kommunikation. Schließlich ist es nicht ungewöhnlich, wenn Gesprächspartner den Gesprächsgegenstand und die Gesprächssituation von unterschiedlichen Standpunkten aus betrachten – und das dürfen sie auch, mit allen Auffassungen und Äußerungen der Beteiligten.

Schon nach einiger Zeit werden die verschiedenen Ansichten mit unterschiedlichen Meinungen bewertet und beurteilt. Den Argumenten der einen Seite stehen Gegenargumente der anderen gegenüber.
Wer sich dann bemüht, den Gesprächsgegenstand und die Gesprächssituation aus der Position des Gesprächspartners zu betrachten, merkt schnell:

Einwände sind einfach nur Gesprächsbeiträge.

Es gibt meistens auch für den anderen Standpunkt plausible Gründe, die Sichtweise Ihres Gegenübers ist oft ebenfalls annehmbar und einleuchtend. Wenn Sie das erkennen, schaffen Sie die Grundlage dafür, konfliktfreier im Verkaufsgespräch kommunizieren zu können.
In der Praxis begegnen uns immer wieder Kunden, die ihre Argumente, Erfahrungen und Thesen für „der Weisheit letzten Schluss“ halten. Jens Marquardt, ein absoluter Vollprofi als Leiter des AWD Service-Centers, sagte mir: „Im ersten Telefonkontakt mit dem Kunden ist seine vorgefasste Haltung gelegentlich schon in Andeutungen vernehmbar“. Ich denke, im Verkaufsgespräch wird dann entsprechend auch „im Klartext" argumentiert. Folglich sind Sie gezwungen, sich Einwänden und Gegenargumenten zu stellen. Sind Sie darauf vorbereitet, können Sie in solchen Situationen souveräner auf das Verkaufsziel zusteuern.

Deshalb lautet mein Grundsatz:

Ein Verkaufsgespräch ohne Einwand
ist wie eine Suppe ohne Salz!

Verständnisformulierungen, der Schlüssel zum erfolgreichen Gespräch

Wenn Sie vor jeder Beantwortung eines Vorwandes eine Verständnisformulierung „packen“, klingt alles viel leichter und Sie geben dem Kunden die Chance, Ihre Frage und seine neue Antwort weiterzuverfolgen. Er empfindet hierbei keinen Druck. Denn die „Verständnisformulierung“ ist eine Form des Lobens und ein Lob kann niemand verwehren. (siehe Seite 156)

Verständnisformulierung, Beispiele:

- **Gut so, denn ...**
- **Toll, dass Sie das sagen, denn ...**
- **Prima, dass Sie so offen sind, denn ...**
- **Gut, dass wir darüber am Anfang reden, denn ...**
- **Es ist gut von Ihnen, das offen darzustellen, denn ...**
- **Verstehe ich genau, kenne ich, denn ...**
- **Macht Sinn, denn ...**
- **Aus Ihrer Sicht haben Sie absolut recht, denn ...**
- **Offenheit ist klasse, danke, denn ...**
- **Dem stimme ich voll zu, denn ...**
- **Diese Ansicht ist zu respektieren, denn ...**
- **Ihre Meinung ist sehr interessant, denn ...**
- **Geht mir oft genauso vor Entscheidungen, denn** ...

Ich denke gute Berater und Verkäufer, also echte Profis begrüßen sogar Einwände. Sie erkennen daran, dass sich der Kunde direkt und aktiv am Gespräch beteiligt. Aus welchem Grund auch immer der Kunde etwas sagt, behaupte ich: Es immer besser als sein Schweigen.
Wieso?

- Kundeneinwände sind wie „Hürden". Sie dürfen nicht übersprungen werden, sondern gehören zum Hürdenlauf einfach dazu. Man muss sie einfach annehmen und in seinen „Lauf" integrieren.
  (siehe Beitrag Edgar Itt)
- Kundeneinwände sorgen dafür, dass der Berater und Verkäufer Informationen bekommt und reagieren kann.
- Kundeneinwände bringen den Verkaufsprozess weiter und erlauben, einen Kompromiss herzustellen.
- Kundeneinwände zeigen die Denkmuster des Kunden auf und helfen dem Verkäufer besser, zum Ziel zu gelangen.
- Kundeneinwände sind wie Pfeile auf der Fahrbahn. Sie zeigen uns den Weg und helfen uns, unser Ziel zu erreichen.
- Kundeneinwände sind auch wie Ampeln. Wenn wir „Rot" sehen, können wir das weitere Vorgehen im Verkaufsprozess stoppen, und wenn wir wieder „Grün" sehen, kann es weitergehen.

Wenn Sie Einwände hören, dann gibt es aus meiner Sicht meist nur zwei Gründe.
Entweder es ist ein negatives Gefühl entstanden, also ein **subjektiver** Einwand, oder es sprechen Fakten gegen Ihre Argumentation, dann erkennen Sie einen **objektiven** Grund.

Subjektive Einwände erleben Sie immer dann, wenn Ihnen der Kunde nicht folgen kann, (er will ja nicht zugeben, dass er es nicht begriffen hat) oder wenn Sie Formulierungen wählten, die der Kunde als persönlichen Angriff wertet (siehe Seite 233).

Auch erleben Sie Einwände, wenn der Kunde schon vorab gar kein Gespräch wollte, Ihnen aber, aus welchem Grund auch immer, einen Termin gab.

Gehen Sie dann einen Schritt zurück, stellen Sie Fragen nach dem Gefühl des Kunden und beobachten Sie, was passiert. Vor allem aber loben Sie den Kunden für seine Offenheit und signalisieren Sie ihm Verständnis für seine Meinung. Damit öffnen Sie wieder das Gespräch und schaffen noch einmal eine positive Grundstimmung.

Sie werden sehen, Ihre Erfolgsquote wird sich drastisch erhöhen.

Was können Sie genau tun?

- Sie können den Einwand überhören und einfach weitermachen. Eventuell ist ja der Einwand in ein paar Minuten vergessen.
- Sie können nachfragen und den Grund herausbekommen.
- Sie können lächeln und überzeugende Argumente liefern.
- Sie können den Einwand als Frage umkehren und den Kunden seinen Einwand selbst begründen lassen., z.B. *„Was meinen Sie damit genau?"*

- Sie können auch sagen: *„Wenn ich Sie richtig verstanden habe, meinen Sie …, richtig?“* Um so den Einwand zu lenken.
- Eine tolle Methode ist die „Vorab“- Methode. Beispiel: *„Bevor ich Ihren berechtigten Einwand bearbeite, bitte ich Sie noch um zwei Minuten Geduld, einverstanden?“*
- Oder Sie verstärken den Einwand und geben ihm mehr Tiefe: *„Wie meinen Sie dies den ganz genau, wenn Sie sagen …?“*

Ein kleiner persönlicher Tipp:
Halten Sie immer, wenn Sie etwas fragen, die Sprechpause durch. Sie werden sehen, der Kunde wird wieder anfangen zu sprechen. So erhalten Sie die notwendigen Informationen und können das Gespräch weiter im Griff behalten.
Beim **objektiven Einwand** ist es eigentlich recht einfach. Hinterfragen Sie genau die Gründe und ermöglichen Sie es dem Kunden, einen Kompromiss mit Ihnen zu finden. Sie werden sehr zügig auf die wahren Gründe kommen und dann gemeinsam erfolgreich Ihren Verkaufsabschluss im Sinne des Kunden schaffen.

Formulierungsbeispiele sind:

- *„Gut, lieber Kunde, gerade deswegen…“*
- *„Toll, genau das ist der Grund, darüber für Sie eine Einigung zu erzielen, denn …“*

Im Endeffekt gibt es zusammengefasst nur zwei Varianten, um mit Einwänden umzugehen.

- **Dobermann-Methode**
- **Zukunfts-Methode**

Die Dobermann-Methode zeigt auf, was der Kunde **nicht bekommt.**
Die Zukunfts-Methode zeigt, worauf **er verzichtet**.

Nutzen Sie diese Erkenntnisse aktiv im Verkauf- und Beratungsprozess und Ihre noch größeren Erfolge werden sich zügig einstellen.

Abschließend noch ein paar Hinweise.

Zu den meisten Einwänden und Vorwänden gibt es schon die passenden Antworten. Denn im Prinzip hören alle, die in der Vermarktung tätig sind, immer dieselben Sätze. Deshalb habe ich Ihnen hier einige Antworten zu den Haupteinwänden zusammengestellt. Wenn Sie diese Texte auswendig lernen, anwenden und dabei noch schlagfertig wirken, haben Sie schon viele Chancen auf Ihrer Seite.

Bitte nutzen Sie diese Techniken nur, wenn Sie wissen, dass nicht wirklich begründete Zweifel des Kunden vorliegen.

Einwandbehandlung. Antworten und Beispiele

„Keine Zeit"

- *„Schön, dass Sie mit Ihrer Zeit so vernünftig umgehen. Das heißt, wenn ich Sie richtig verstanden habe, dass Sie sehr sinnvoll planen. Schlagen Sie doch dann bitte einen Termin vor!"*
- *„Prima, dann schlagen Sie doch bitte einen Termin vor."*
- *„Super, wann haben Sie denn in der nächsten Woche gar keine Zeit?"*

„Zu teuer"

- *„Natürlich fragen Sie sich zu Recht, welche Investition die richtige ist. Wenn, wie es bei den meisten unserer Kunden der Fall ist, ein nicht unerheblicher finanzieller Vorteil für Sie/ Ihr Unternehmen möglich ist, dann wäre doch ein persönliches Gespräch auch für Sie interessant. Stimmt's?"*
- *„Natürlich spielen auch die Investitionen eine wichtige Rolle. Und genau daher empfiehlt es sich, die vielen Vergünstigungen des Angebots gut zu entdecken, stimmt's?"*
- *„Gut, dass Sie das so offen ansprechen. Darf ich eine Frage stellen? Womit vergleichen Sie denn genau?"*
- *„O.k. – wenn Sie selbst erkennen, welche Chancen sich für Sie/Ihr Unternehmen ergeben, macht dann ein Gespräch Sinn?"*
- *„Gut so! Bitte sagen Sie: Wie genau kommen Sie darauf?"*

„Glaube ich nicht“

- *„Prima, dass Sie gleich darauf zu sprechen kommen, ob diese Dienstleistung wahrhaftig ist. Das dachten zu Anfang sicher auch unsere vielen Mandanten, die diese Dienstleistung bisher in Anspruch genommen haben.*
  Wenn auch bei Ihnen xxx,- € Vorteil entstehen, dann werden Sie doch die Dienstleistung ebenfalls wahrnehmen, stimmt's?“
- *„Wenn ich es Ihnen beweise und Sie erkennen, dass es stimmt, macht dann aus Ihrer Sicht ein Treffen Sinn?“*

„Habe schon alles“

- *„Prima, dass Sie schon alles haben und nutzen. Sie nutzen demnach viele Möglichkeiten. Nutzen Sie alle, die es für Sie gibt oder alle, die Sie kennen?“*
- *„Gut so. Dann ist dies ja mit Kosten verbunden, richtig?*
  Wenn wir diese für Sie/ Ihr Unternehmen senken, macht dies dann aus Ihrer Sicht Sinn?“

„Bin zu alt“

- *„Gut, dass Sie Ihre persönliche Situation so ehrlich ansprechen.*
  Mal unter uns, wenn wir gemeinsam Ihren Wunsch erfüllen können, dann würden Sie sich sicher besonders gut fühlen, denn für mehr Geld ist man doch nie zu alt, stimmt's?“

- *„Das ist wohl nie so, wenn man mehr aus seinem Geld/Leben machen kann, richtig?“*

„Kein Interesse“

- *„Schön, dass Sie gleich so ehrlich sind. Wenn Sie erkennen, wie Sie Ihre xxx,- € Vorteil für sich nutzen können, dann sind doch auch Sie daran interessiert, stimmt's?“*
- *„Sehr interessant. Meinen Sie gegenwärtig oder ganz allgemein?“*
- *„Logisch. Wenn Sie für sich/ Ihr Unternehmen erkennen, das ein Gespräch für Sie Sinn macht, dann wäre es doch auch für Sie wertvoll, richtig?“*
- *„Oh, interessant. Darf ich fragen, weshalb? Gibt es einen triftigen Grund?“*

„Habe Vertreter“

- *„Schön, dass Sie gleich so offen sind und einen Fachmann an Ihrer Seite haben.*
  Gerade dann werden Sie doch jede Möglichkeit nutzen, um Ihren Vorteil von xxx,- € selbst zu nutzen, stimmt's?“
- *„Fachleute an seiner Seite zu haben, ist immer gut. Das Unternehmen, das ich vertrete, ermöglicht Ihnen/Ihrem Unternehmen …*
  Und dies zu nutzen macht doch Sinn, korrekt?“

„Habe Steuerberater"

- *„Schön, dass Sie gleich so offen sind und einen Fachmann an Ihrer Seite haben.*
  Gerade dann werden Sie doch jede Möglichkeit nutzen, um Ihren Vorteil von xxx,- € selbst zu nutzen, stimmt's?"
- *„Gut. Steuern kann man steuern. Ihr Steuerberater schaut in die Vergangenheit, Sie haben die Möglichkeit, in die Zukunft zu schauen. Ist eine sinnvolle Planung für Sie/Ihr Unternehmen aus Ihrer Sicht gut?"*

Anlage/Produkte verkaufen

- *„Schön, dass Sie das Thema gleich ansprechen, interessiert Sie dieses Thema besonders? Prima, dann bereitet sich Herr/ Frau … auch besonders (oder: nicht besonders) darauf vor."*
- *„Gut, dass Sie dies direkt ansprechen. Ja, es ist so. Und wenn Sie/Ihr Unternehmen daraus Kapital schlagen könnte, macht es dann aus Ihrer Sicht Sinn?"*

„Gebe meine Daten nicht heraus"

- *„Richtig und gut, dass Sie so vorsichtig sind. Wenn unser Unternehmen Ihnen eine Garantie geben kann, damit Sie Ihre Ziele schneller erreichen, wäre dann Ihre berechtigte Sorge vom Tisch?"*

- *„Denn Ihre Datensicherheit ist Ihnen doch am wichtigsten, stimmt's? Dann werden auch Ihre Daten/Ihre Unternehmensdaten selbstredend nach geltenden Rechtsverbindlichkeiten behandelt."*

„Kostet das was?"

- *„Richtig und gut, dass Sie gleich nach der Investition Ihrer Dienstleistung fragen.*
  Das erste Gespräch ist selbstredend kostenfrei!
  Sie erhalten Informationen, wie Sie sich Ihren Vorteil von xxx,- € in den nächsten Jahren zu Nutze machen können und mal ehrlich, wer will diese Information nicht nutzen, stimmt's?"
- *„Gute Frage. Würden Sie etwas unterstützen, was durch eine angemessene Investition Ihres Unternehmens/ durch Sie dafür sorgt, dass Sie/ Ihr Unternehmen höhere finanzielle und geschäftliche Erfolge erreicht?"*

„Brauche ich nicht"

- *„Schön, dass Sie sich Gedanken machen, welchen Nutzen Sie haben. Wenn die Beratung dazu führt, dass Sie, den nächsten Jahren mehr in Ihrer Tasche haben, dann werden Sie sich diese Information doch nicht entgehen lassen, nicht wahr?"*
- *„Wenn Sie es bräuchten und es wäre sinnvoll, würden Sie dann sagen, ein Gespräch macht aus Ihrer Sicht Sinn?"*

„Plane noch nicht langfristig“

- *„Schön, dass Sie auch ein Mensch sind, der genau überlegt. Wäre es dann nicht besonders wichtig, genau zu prüfen und genau zu rechnen? Wenn dies so ist, dann wäre ein ausgiebiges Gespräch doch auch für Sie interessant, stimmt's?“*

„So geht das nicht“

- *„Alles klar. Was sollte Ihrer Meinung nach geändert werden?“*
- *„Klar. Was spricht aus Ihrer persönlichen Sicht denn dafür?“*
- *„Gut so. Welche Fragen haben Sie noch, was ist noch aus Ihrer Sicht offen?“*

„Ich muss noch mal darüber schlafen/nachdenken“

- *„Klar. Was meinen Sie: Wie lange wollen Sie ausharren?“*
- *„Logisch. Das heißt Sie wollen es für sich/Ihr Unternehmen haben, wissen aber noch nicht genau, wann?“*
- *„Macht Sinn. Wenn Sie erkennen, dass es Ihnen/Ihrem Unternehmen großen Nutzen bringt, wann wollen Sie „zuschlagen“?“*

Nochmals:

Wichtig ist zu erwähnen, dass dies alles Beispiele sind, die an die jeweilige Situation, an den jeweiligen Menschen angepasst werden sollten. Diese Beispiele bilden also eine Art Grundlage für Ihre eigenen Formulierungen.

Ihre sprachliche Beweglichkeit kann durch solche Beispiele nur unterstützt werden.

Viel Freude bei der Ausarbeitung Ihrer Antworten auf Einwände und viel Erfolg bei Ihrer Umsetzung!

PS: Wenn Sie mehr erfahren wollen gehen Sie auf die **Internetseite: www.einwand-frei.de.**

Dort werden Sie viele Tipps und Hinweise erhalten, die Ihnen wirklich im Alltag weiter helfen werden.

Versprochen.

„Bevor“,
ein Zauberwort

Bevor, ein Zauberwort

Bevor Sie anfangen dieses Kapitel zu lesen, bitte ich Sie kurz, gedanklich inne zu halten und einmal tief einzuatmen

(Und? Haben Sie es getan?)

Ich verwende ein komplettes Kapitel für das Wort **„BEVOR“.** Und das aus einem triftigen Grund. In meiner ganzen Verkäuferlaufbahn ist mir kein besseres Wort für den „Lenkenden Verkauf“ untergekommen. „Bevor“ suggeriert dem Zuhörer, dass es noch nicht losgeht, und gleichzeitig ermöglicht es Ihnen, „zwei Fliegen mit einer Klappe zu schlagen“.

Was passiert beim Zuhörer, wenn ich das Wort „bevor“ sage? Der Kunde oder auch Zuhörer hört zwar nur das Wort **„bevor“,** aber gleichzeitig passiert etwas Außergewöhnliches:

Er gestattet Ihnen, zwei Sachen gleichzeitig zu klären und meist bemerkt er es gar nicht. Ziel dieser Technik ist es, schnell und geradlinig zu einem Ergebnis zu gelangen.

Hier einmal ein Beispiel aus meinem Familienleben. Dieses Beispiel zeigt genau auf, worauf ich hinaus will.

Ich:	*„Liebe Tochter, bevor du den Eimer runter bringst, kann ich dir noch eine Frage stellen?“*
Tochter:	*„Ja, Vati.“*

Was ist passiert? Ich habe zwei Sachen miteinander verwoben: den Eimer hinunterbringen und eine Frage beantworten. Das Letzte erlaubte sie mir selbstverständlich und hat damit in Form eines Automatismus gleichzeitig, wenn auch „vermeintlich“, zugestimmt, den Eimer noch zu leeren. Ist Ihnen das aufgefallen?

Tolle Technik kann ich Ihnen sagen! So konnte ich dann etwas später, nachdem ich die Frage gestellt hatte und die Antwort bekam, meine Tochter noch an Ihre Aussage erinnern, nämlich den Eimer runter zu bringen.

Diese Technik können Sie auch zur Lenkung eines Gespräches in jeder Form immer wieder verwenden. Zum Beispiel macht diese Technik auch Sinn, um Konflikte zu entschärfen oder das „cross selling“ einzuleiten.

Hier ein paar Beispiele:

- **„Bevor ich das Gewünschte für Sie in Angriff nehme, darf ich vorab noch eine Frage stellen? Ja?“**
- **„Bevor Sie nun sagen könnten, das geht Ihnen zu schnell, darf ich noch eine Bitte vorab äußern? Ja?“**
- **„Bevor ich Ihre Beschwerde bearbeite, kann ich Ihnen zwei Fragen zu Ihrem Auftrag stellen? Ja?“**
- **„Vorab habe ich eine Bitte an Sie. Darf ich sie benennen? Ja?“**
- **„Bevor Sie unser Geschäft verlassen, darf ich noch eine Abschlussfrage stellen? Ja?“**

Nehmen Sie sich nun ein paar Minuten Zeit für sich und schreiben Sie „Bevor-Formulierungen“ auf, die Sie in Ihrem Beruf oder Privatleben anwenden möchten. Wenn Sie dies tun, werden Sie sehen, vieles geht in Zukunft leichter.

Sie stellen sich jetzt sicherlich die Frage: Wieso klappt das eigentlich so gut?
Der Mensch merkt sich eben den letzten Teil eines Satzes eher als den Anfang. Der letzte Teil wird auch immer zuerst beantwortet und damit der erste Teil gleich mit.

Das klappt auch mit einer Feststellung. Hier wieder ein Beispiel.

Variante eins:
Der Vater war gut zu den Kindern, aber ein Säufer.
(Ein negatives Gefühl entsteht.)

Variante zwei:
Der Vater war ein Säufer, aber gut zu den Kindern.
(Ein positiveres Gefühl entsteht.)

Sie sehen, der zweite Teil mit der positiven Aussage wird eher gemerkt, und wir bewerten nun diesen Vater als gar nicht mehr so schlecht.

Nutzen Sie diese Technik und formulieren Sie nun auch Ihre Aussagen, in denen der positive Teil am Ende des Satzes steht. Meist klappt das ganz gut. **Bevor** Sie anfangen, wünsche ich Ihnen viel Erfolg dabei.

Gleich noch ein Beispiel:

Das Auto ist etwas teurer geworden als Sie geplant hatten, aber ein schönes Gefühl ist es doch, es zu haben, wenn Sie das Schiebedach öffnen. Das ist es doch alle Male wert, stimmt's? Ja?

Formulieren Sie nun Ihre Sätze!

____

____

____

____

____

____

____

____

Sie sehen also, dass es völlig legitime Mittel und Wege gibt, ihren Willen durchzusetzen. Üben Sie ruhig in alltäglichen Situationen, in denen Sie auch einen kleinen Fehler begehen können. Sie werden sehen: Mit der Zeit wird es Ihnen viel einfacher fallen diese „Hilfssätze“ in ein fließendes Gespräch einzuweben und sinnvoll anzuwenden.

Gesprächskiller und echte Giftpillen

Gesprächskiller und echte Giftpillen

Es ist bestimmt nicht immer einfach, Fehlschläge offen anzusprechen.
Ich bin davon überzeugt, dass jeder von uns schon einmal ein misslungenes Verkaufsgespräch erlebt hat. Denken wir doch an den Beginn unser Verkäuferlaufbahn zurück: Wir waren ziemlich unsicher, manchmal sogar ängstlich und wollten auf gar keinen Fall zu direkt und schon gar nicht aufdringlich sein. Das Ergebnis war, dass wir in solchen Situationen an Stelle der gebührenden Höflichkeit nur Distanz hergestellt haben.
Umgangssprachlich ist das ein wahrer Gesprächskiller, wenn Ihr Gesprächspartner Ihre Unsicherheit mitbekommt und im Stillen für sich denkt: *„Na, das ist ja noch ein richtiges Greenhorn, und der will mich beraten, oder?“*

An dieser Stelle fällt mir wieder eine passende Geschichte aus meinem Leben ein. Im Dezember 2006 durfte ich einen Vortrag im Unternehmen Ehrl halten. (Nur kurz zur Erklärung, dies ist einer der größten freien BMW-Händler Deutschlands und dazu ein exzellentes und sehr erfolgreiches Unternehmen.)
Vor der Veranstaltung wurde ich von einem Mitarbeiter angesprochen.

Das Gespräch verlief in etwa so:

Er: *„Guten Tag.“*
Ich: (*lächelnd) „Guten Tag. „*
Er: *„Treten Sie heute hier auf?“*
Ich: *„Ja.“*
Er: *„Ach so.“*
Ich: *„Hm?“*
Er: *„Dann sind Sie der Tschakka-Trainer“, richtig?“*
Ich: *(Stirnrunzeln, Staunen – das Lächeln verschwindet)*
Er: *„Ich arbeite schon lange hier.“*
Ich: *„Schön. Was meinen Sie mit „Tschakka“?“*
Er: *„Na, so ein Motivationsguru eben.“*
Ich: *“Aha, was meinen Sie genau?“*
Er: *„Naja, Sie sollen doch motivieren, oder?“*
Ich: *„Ich denke, das bereden wir gleich nach der Veranstaltung.“*
Er: *„Gut!“*
Ich: *„Bis nachher!“*

Ich bin ganz ehrlich, besonders gefallen hat mir diese voreingenommene Einschätzung natürlich nicht. Aber ich habe sie nicht übel genommen. Schließlich war der Mitarbeiter ehrlich.

Aber schmeichelhaft war unsere erste Begegnung nicht! Um die Geschichte noch zu Ende zu bringen – nach der Veranstaltung haben wir uns noch sehr nett unterhalten, und meinem vorherigen Kritiker war das anfängliche geführte Gespräch eher unangenehm.

Wenn Sie mit einem Menschen wirklich in Kontakt treten wollen, dann versuchen Sie schon ab der Begrüßung, also mit den ersten Worten, freundlich zu sein. Fragen stellen ist erlaubt, aber unterlassen Sie jegliche Unterstellungen bzw. Wertungen oder fragwürdige Behauptungen im Voraus.
Diese Art der Kommunikation erstickt jedes Gespräch im Keim. Wenn Sie Giftpillen verteilen, erhalten Sie eine Abwehrhaltung und damit bestimmt keine gute Ausgangssituation für ein Gespräch mit positivem Verlauf.

Eine menschliche Eigenschaft ist es, um alles in der Welt nur keine Fehler begehen zu wollen. **Wir empfinden oft Fehler als „Fehlleistung".**

Das ist eine Haltung, die nicht nur mir absolut nicht gefällt, sondern uns auch schaden kann. Dabei haben wir schon von Kindesbeinen gelernt, dass man aus Fehlern klug wird und noch kein Meister vom Himmel gefallen ist. Warum leben wir diese Einstellung dann nicht?

Menschen, die Fehler als etwas Negatives empfinden, streben nicht nach Erfolg, sondern sind ihr ganzes Leben damit beschäftigt, Misserfolge zu vermeiden.
Wieso ist das so? Auch hier können wir uns auf Spurensuche bis in die Kindheit zurückbegeben. Als Kinder haben wir gelernt, dass Fehler machen etwas Schlimmes ist. (Dann können wir es auch verlernen.)
Wenn wir etwas falsch gemacht hatten, erhielten wir Schelte, manchmal sogar Stubenarrest oder noch drastischere Maßnahmen.

Durch diese Erziehung wollten unsere Eltern dafür sorgen, dass wir uns dem gewünschten Zusammenleben anpassen bzw. lernen, Dinge „richtig" oder es anderen Menschen „recht" zu machen. Bestimmt lag dieser Erziehungsweise ein positiver elterlicher Vorsatz zu Grunde, aber die negative Konsequenz von Fehlern ist in unserem Gedächtnis haften geblieben, so dass wir heute Mühe haben, diese gedankliche negative „Schleife" zu verlassen.

Meist achten wir also darauf, auch in Erwartung eines Verkaufsabschlusses, nicht zu viel falsch zu machen. Das ist gar nicht verkehrt, denn wachsam zu sein ist grundsätzlich richtig. Sonst schleichen sich Routinefehler ein. (siehe Beitrag Edgar Itt)
Aber wir sollten dennoch locker bleiben und Freude an unserer Arbeit haben. Wenn wir peinlichst darauf achten, überzeugend und perfekt zu sein, ausgerechnet dann entstehen Pannen, weil wir besonders angespannt sind. Infolgedessen passiert z.B., dass man Kunst mit Künstlichem anstatt mit Können verglichen hat oder Nordmeer sagt und die Nordsee meint oder Südamerika mit Südafrika verwechselt. Diese Ausrutscher sorgen für unsere eigene Verunsicherung. Und wenn wir unsicher werden, zeigt das unser Körper deutlich: der eine bekommt rote Ohren oder Wangen, der andere fuchtelt nach weiteren Worten ringend mit den Händen wild in der Luft herum oder hält aus Schreck spontan die Hand vor den Mund. Als Nächstes stottert man dann eine kleine Entschuldigungsformel – aber das Chaos ist perfekt.
Eine weiter unangenehme Situation entsteht z.B., wenn wir verbal angegriffen werden und unser Gegenüber hat eine gänzlich andere Meinung, was ja schon einmal vorkommen kann.

Nun heißt es, sich zu wehren! Richtig?
Leider denken so viele Menschen. Manche denken auch nicht, sondern tun es unbewusst. Man nimmt das Gesagte persönlich und fühlt sich somit auch persönlich angegriffen.

Wenn Sie auf eine solche Situation mit weiteren Giftpillen Ihrerseits reagieren, werden Sie da weiterkommen?

Gehen wir der Sache auf den Grund, indem ich das Dargestellte weitergehend ausführe.
Haben Sie sich schon einmal gefragt, weshalb das eine oder andere Verkaufsgespräch im Nachhinein Unbehagen bei Ihnen erzeugt hat und weshalb man sich an einige Gespräche noch ewig und drei Tage erinnert?
Waren Sie nicht auch schon als Beteiligter oder Zeuge bei Gesprächen dabei, in denen jeder Gesprächspartner an seiner Meinung stur festgehalten hat und seine Emotionen vehement, auch über die Körpersprache ausgedrückt hat? Mit Sicherheit erinnern Sie sich an solche Gespräche. Auch Verletzungen verbaler Art können Narben hinterlassen, und der Weg dahin ist gar nicht so weit.

Seien Sie bei allen Dingen, die Sie sagen, vorsichtig. Wenn Sie im Verkaufsgespräch behaupten: *„Begreifen Sie das denn nicht..."*, halten Sie Ihrem Gegenüber damit unverblümt vor, beim Mitdenken ziemlich langsam zu sein. Dieses Verhalten ist weder höflich, noch professionell, weil ein guter Verkäufer viel Geduld hat.

Außerdem dürfen Sie nie vergessen, dass viele Dinge, die Sie Ihren Kunden tagaus, tagein erzählen, für den Kunden noch neu sind.

Eine weitere für den Kunden unschöne Situation kann auch entstehen, wenn Sie dies gar nicht möchten: Sie berichten voller Stolz von den Verkaufserfolgen eines Produkts und glänzen mehrmals mit Ihrem Fachwissen. Der Kunde aber fühlt sich vor Ihnen klein, eingeschüchtert und nicht mehr als ebenbürtiger Partner. Viel später, vielleicht zu Hause, spulen Sie das Gespräch im Kopf wie einen Film ab und ärgern sich über sich selbst: Wäre es nicht besser gewesen, geduldig und in kleinen Schritten das Produkt zu erklären, als den Kunden kurz darauf bei einer technischen Besonderheit auch noch als „Laien“ abzustempeln?
Geben Sie dem Kunden nicht die Schuld. Als Verkäufer oder Berater sind Sie für die Situation verantwortlich. Im Rückschluss seien Sie konsequent zu sich selbst und bewerten Sie die Lage, indem Sie sich schlussfolgernd fragen: Was habe ich falsch gemacht? Habe ich vielleicht die Gelegenheit nicht genutzt, mich mit dem Kunden ausführlich über seinen Auftraggeberkreis zu unterhalten? Bedenken Sie, dass jeder Kunde ein Schlüssel für viele Neukunden ist.

Natürlich haben wir Tage, an denen wir durch ein nicht verarbeitetes Ereignis vom Vortag eher zugeknöpft als zugänglich und weniger zuvorkommend als sonst sind.

Nichtsdestotrotz sollten Sie sich folgende Sätze sofort aus dem Gedächtnis streichen:

- Ja, das sagen Sie...
- Wenn Sie ehrlich sind...
- Sie sollten das nicht tun..
- Bei meinen Erfahrungen...
- Sie werden das nicht tun...
- Das trifft auf keinen Fall zu...
- Sie können doch nicht sagen....
- Als Fachmann sage ich Ihnen...
- Sie müssen mir doch zugeben...
- Das müssen Sie doch einsehen...
- Sie irren sich, wenn Sie glauben...
- Sie müssen schon entschuldigen...
- Da sind Sie aber auf dem Holzweg...
- Wie können Sie so etwas behaupten...
- Jeder vernünftige Mensch weiß doch...
- Das können Sie mir doch nicht erzählen...
- Nein, das dürfen Sie nicht...
- Ach Quatsch, ich bin doch nicht von gestern...
- Na, aber hören Sie mal, das ist doch Unsinn...
- Wie ich Ihnen schon ausführlich erklärt habe...
- Sie haben mich wohl nicht richtig verstanden...
- Da hat mir ein Fachmann kürzlich etwas anderes gesagt als Sie...

Sollten Sie sich dabei ertappen, Sätze und Antworten wie diese in einem Verkaufs- oder Beratungsgespräch zu äußern, dann tritt ein, was Sie gar nicht wollten: Sie stoppen den Dialog und damit ist auch der Verkauf Ihrer Ideen und Produkte beendet.

Was heißt nun Professionalität, ohne persönliche Berührtheit ganz im Sinne der Sache zu argumentieren?

Sie verzichten auf alles, was einen Menschen angreifen kann. Sie verzichten auf das *„Ich werde es dir schon zeigen“*- Denken und nehmen Ihren Gesprächspartner so wie er ist, aber vor allem ernst.

Der erste Schritt zu einer besseren Bewältigung von alltäglichen negativen Verbalattacken besteht darin, möglichst genau die Situationen im Verkaufs- und Beratungsgespräch herauszufinden. Das heißt, beobachten Sie Ihre eigenen Gespräche, analysieren Sie genau, warum Sie keinen Erfolg erzielt haben und überprüfen Sie, was mit Ihnen in solchen Situationen geschieht.

Wenn Sie dies getan haben, ändern Sie Ihre Kommunikation und überprüfen Sie, was Sie zu dieser „Aktion“ gebracht hat. Der Erfolg wird sich rasch einstellen!

Hier die aus meiner Sicht entscheidende Haltung, um klar, deutlich und partnerschaftlich mit einem anderen Menschen zu kommunizieren.

Ich bin so in Ordnung wie ich bin und gebe mein Bestes. Du bist so in Ordnung wie du bist, und ich akzeptiere dich!

Menschen, die so denken, können jede Situation realistisch bewerten, Entscheidungen selbstständig treffen, die Folgen von Entscheidungen abschätzen und die Konsequenzen tragen. Sie sehen Chancen und erkennen positive Signale.
Wenn Sie stattdessen denken, Sie seien in Ordnung, der andere aber nicht, oder vielleicht den anderen Menschen besser bewerten als sich selbst, dann kann das Gespräch erstens nicht auf einer gleichwertigen partnerschaftlichen Ebene verlaufen und zweitens sollten Sie dann in erster Linie an Ihrem Selbstbewusstsein arbeiten sowie Ihre Einstellung zu Ihrem Job hinterfragen.

Keine Sorge, man kann das alles üben, z.B.: Wie kann ich eine Distanz bewahren, ohne unpersönlich zu werden? Wie kann ich eine Verbalattacke abwehren? Wie kann ich auf Widerstand reagieren?
Beobachten Sie sich und korrigieren Sie Ihr Verhalten. Sie können die Situationen mehrmals im Geiste durchgehen und sich mögliche Antworten bereitlegen, aber dann geht es in die Praxis. Und, wie bereits gesagt, Fehler machen ist normal, allerdings sollten Sie versuchen, diese nach und nach zu vermeiden.

Abschließend bitte ich Sie, nochmals eindringlich Folgendes zu beherzigen:
Als Berater sind immer Sie für eine gute Kommunikation verantwortlich. Sie haben Seminare besucht, Sie haben Bücher gelesen über den Verkauf, Sie haben Techniken erlernt, gut zu fragen und zu hinterfragen, denn Sie sind der Fachmann/ die Fachfrau.

Raum für Ihre Notizen

Weichmacher, Konjunktive und anderer Unsinn

Weichmacher, Konjunktive und anderer Unsinn

Eine spannende Frage ist: Weshalb benutzen Führungskräfte, Verkäufer und Redner sehr oft Konjunktive und „Weichmacher“, also Redewendungen, in denen man nicht eindeutig Position beziehen muss?

Ich denke, es ist einfacher, die Verantwortung für sein Wort immer wieder zu relativieren, so kann man auch nicht verantwortlich gemacht werden.

Es gibt für mich zwei Gruppen von Menschen, die mit „Weichmachern“ argumentieren.

- **Die erste Gruppe benötigt eigentlich keine, benutzt sie aber dennoch unwissentlich.**
- **Der zweiten Gruppe gehören schlicht unsichere Menschen an.**

Die erste Gruppe der unwissentlichen „Weichmacher“- Nutzer:
Viele Menschen, die ihre Aussagen mit Konjunktiven versehen, stehen hinter ihren Aussagen und bemerken gar nicht, dass Sie sich unklar ausdrücken und somit das Leben unnötig selbst schwer machen.
Diesen empfehle ich, einfach darauf zu verzichten, um glaubwürdiger zu sein. Denn es ist doch so: „Halbschwanger sein“ geht genauso wenig, wie „im Prinzip“ seriös zu sein. Ist man dann eigentlich unseriös, aber ausgerechnet jetzt nicht? Oder denken Sie an die Redensart „man“ könnte ja mal was ändern. Wer sollte denn etwas ändern?

Verzichten Sie auf solchen Unsinn, und Sie werden sehen, mit Ihrer Glaubwürdigkeit steigt auch Ihr Erfolg!

Die zweite Gruppe, die „Weichmacher"- aus- Unsicherheit- Nutzer:

Manche Menschen stehen nicht zu dem, was Sie tun. Sie stehen nicht zu Ihren Ideen, Produkten oder Dienstleistungen. Diese Menschen wollen sich mit einer weichen Ausdrucksweise einfach nur schützen. Sie wollen nichts falsch machen und die Verantwortung für ihr Handeln nicht übernehmen.

Wenn Sie sich in dieser Gruppe wiederfinden, gibt es von mir nur eine Empfehlung: Überlegen Sie, weshalb dies so ist und finden Sie die Gründe heraus, wieso Sie nicht die Verantwortung für ihr Reden übernehmen wollen.

Liegt es an Ihrer Erziehung, an Ihrem Job oder einfach nur daran, dass Sie wirklich nicht von ganzem Herzen hinter Ihrer Tätigkeit stehen? Wenn dies so ist und Sie ernsthaft prüfen, woran dies nun wieder liegt, dann sollten Sie eine Entscheidung treffen und Ihre Einstellung, wenn nicht sogar den Job ändern.

Denn mit „Weichmachern" werden Sie mit Sicherheit Ihren persönlichen Zielen weder im Job noch im Privatleben näher kommen.

Infolgedessen hinterfragen Sie und in letzter Konsequenz streichen Sie diese Redewendungen aus Ihrem Wortschatz und somit aus Ihrem Leben:

- **Würde ich…**
- **Hätte ich…**
- **Man könnte…**
- **Könnte ich…**
- **Mal sehen…**
- **Es wäre toll wenn…**
- **Ja schon, aber…**
- **Ja schon, dennoch…**
- **Wäre gut wenn…**
- **Ich denke schon, dass…**
- **Im Prinzip schon, dennoch…**
- **Ja wenn…**

Zur selben Kategorie gehören diese Wörter:

- **eigentlich**
- **könnte**
- **sollte**
- **müsste**
- **im Regelfall**

Merke:
Wenn Sie mehr erreichen wollen, lassen Sie sich Antennen für Ihre Kommunikation wachsen und keine Hörner: Wenn die „Weichmacher" und die Konjunktive sterben würden, wären die meisten Berater, Verkäufer und Führungskräfte erfolgreicher.

Nun zum anderen Unsinn in der Kommunikation.
Verzichten Sie auch auf Behauptungen und Unterstellungen. Wer behauptet, weiß nicht, was der andere Mensch denkt. Denn sonst würde er ja nicht behaupten müssen. Fragen stellen wäre eben viel besser. Wenn Sie Behauptungen und Unterstellungen benutzen, **zerstören Sie auf jeden Fall** eine partnerschaftliche Kommunikation mit Ihrem Gesprächspartner.
Und das wollen wir ja nun vermeiden, richtig?

Diese „Verbal-Attacken" helfen Ihnen nicht weiter.

- **Sie müssen...**
- **Unbestritten...**
- **Unzweifelhaft...**
- **Sie dürfen nicht...**
- **Sie müssen nicht...**
- **Trotzdem**
- **Aber**
- **Dennoch**
- **Sie müssen**
- **Warum**

All diese Ratschläge sollen Ihnen helfen, sich einfach besser auf die morgen anstehenden Vorträge, Beratungen, Mitarbeitergespräche, Verkaufs- oder Vermarktungsgespräche vorzubereiten.

Wenn Sie diese Erkenntnisse wirklich umsetzen, kann Misserfolg gar nicht erst entstehen.

Wenn Sie klar und eindeutig kommunizieren, wird jeder Konflikt zu einem Nagel und Sie zum Hammer.

Denn Entschlossenheit, Klarheit in der Sprache und eine aktive Umsetzung versetzt nun mal den Misserfolg in die zweite Reihe.

Viel Erfolg dabei.

Raum für Ihre Notizen

Wissen, Können, Beherrschen

Der Filialleiter als Verkaufsmotivator und täglicher professioneller Verkaufstrainer seiner Mitarbeiter „Train to Win“

Beitrag von Dr. Frank Keller

„Train to Win“ - prämiertes Schulungskonzept für den Verkauf mit garantierter Nachhaltigkeit

In vielen Unternehmen werden regelmäßig Schulungen zum Thema „professioneller Verkauf“ durchgeführt.
Die meisten Unternehmen tun dies konsequent. So werden alle Beteiligten – beginnend mit dem Vertriebsleiter der Region über die Gebietsleiter, die Filialleiter bis hinunter zum Mitarbeiter im Verkauf – meist über Jahre hinweg von internen und externen Trainerinnen und Trainern, wenn auch manchmal in unterschiedlicher Intensität, in Verkaufstechniken geschult. Um diese Techniken zu verinnerlichen, scheuen sich die Verantwortlichen nicht, zusätzlich in umfangreiche vertriebsunterstützende Materialien zu investieren.
Damit die Umsetzung letztendlich einheitlich vonstatten geht, werden klare Führungs- und Verhaltensgrundsätze, ein Qualitätsversprechen sowie Verkaufsregeln vereinbart.
Dazu begleiten Vertriebsunterstützer der beauftragten Lieferanten die Verkaufs- bzw. Kundenberater zur Optimierung von Kundengesprächen.
Und dennoch: Trotz dieser günstigen Voraussetzungen zeigt sich, dass die Umsetzung des vermittelten Wissens und das damit einhergehende Handeln in der Praxis sehr unterschiedlich und somit auch mit unterschiedlichem Erfolg ablaufen.
Die Beherrschung des vermittelten Wissens und die Bereitschaft, dieses auch anzuwenden, weichen bei den beteiligten Personen stark voneinander ab. Zum Teil gibt es gravierende Mängel im Führungsverhalten. So löst die Führungskraft, die nicht vorbildlich und konsequent das Erlernte umsetzt, einen negativen Dominoeffekt bei der

Mitarbeiterschaft aus. (Solidarisierungseffekte). Aber auch Mängel in den vertrieblichen Verhaltensweisen sind keine Seltenheit.

Ernüchterndes Fazit: Trotz aller gut gemeinter Bemühungen wirken die Personalentwicklungsmaßnahmen wie Führung, Training und Coaching nicht nachhaltig.
Mein Beitrag soll im Folgenden erklären, wie diesem Problem Abhilfe geleistet wird. Der Vertriebserfolg von Verkaufs- und Kundenberatungsteams hängt – abgesehen von den betrieblichen Regelungen und deren Umsetzung – wesentlich von der konsequenten Anwendung und Umsetzung des vorhandenen Vertriebs- und Kundenkontakt-Know-hows ab, also von „Customer Care" und „Troubleshooting".

Unsere Methodik basiert auf diesem Wissen, indem wir als Grundvoraussetzung zur erfolgreichen Umsetzung aus Filialleitern täglich professionell agierende Verkaufstrainer machen. Wie dies im Detail geschieht, werde ich Ihnen im Folgenden aufzeigen.
Dabei verwende ich in Anlehnung an die Schulungsrealität bewusst auch populärwissenschaftliche Darstellungen und Terminologien aus der Erwachsenenbildung.
Nicht ganz ohne Stolz möchte ich schließlich noch erwähnen, dass wir mit diesem Konzept, das von uns den Namen „Train to Win" erhalten hat, den deutschen Trainingspreis 2007 in Silber erhalten haben. Von insgesamt 70 Bewerbern hatten es gerade mal 19 Teilnehmer in die Endrunde geschafft. Die Praxisorientierung unseres Konzepts hat auch die Jury überzeugt.

„Train to Win"- ein Schulungsprozess, dessen Erfolg am Ende jeden einzelnen Mitarbeiter und schließlich den Kunden erreicht

„Mit Train to Win habe ich die Möglichkeit, Produkte jeden Tag auf`s Neue ins Gespräch zu bringen,…
Alle sind daran beteiligt, vom Azubi, Promoter, Verkäufer bis zum T-Punkt Leiter, denn wer immer dieselben Zutaten verwendet, bekommt immer dasselbe Brot! Wir wollen anders sein und Neues liefern."
(Teilnehmerin Anja Schmidt)

Das Konzept setzt bei den Führungskräften (Filialleitern oder Teamleitern und deren Stellvertreter an), die im nächsten Schritt die Verkaufs- und Kundenberater trainieren, so dass wir am Schluss erreichen, dass den Erfolg des Programms jeder spürt. Ergänzend sollten – nach unserer Erfahrung unverzichtbar – noch übergeordnete Führungskräfte des Vertriebs (Vertriebsleiter der Regionen und Leiter der Vertriebsgebiete) zu den Trainings hinzugezogen werden, aber auch interne und externe Vertriebstrainer sowie Mitarbeiter der Vertriebssteuerung und -unterstützung der Zulieferer berücksichtigt werden.
Bei einem „Train to Win"-Projekt handelt es sich jedoch immer um einen hierarchieübergreifenden Prozess, in dem Beteiligte aus verschiedenen Unternehmensebenen einbezogen werden. Daneben erfolgt auch die vertikale Einbeziehung aller externen und internen Vertriebstrainer (ob angestellt oder frei), die sich in ihren eigenen Vertriebstrainings an die vermittelte Grundsystematik halten.

Der Schwerpunkt der Maßnahmen liegt darauf, dass die eigenen (internen) Führungskräfte im Verkauf spezielle Methodenkompetenz erlangen, die diese im Alltag nutzen. Somit erhalten die Führungskräfte auch eine Vorbildfunktion, weil sie mit gutem Wissen vorangehen.

Mit dem Konzept wird effizient der Grad des „Beherrschens" von Verkaufstechniken erreicht. Bisherige Trainings erreichen nur den Grad des „Anwendenkönnens".

Beherrschung kann allerdings nur durch häufige Wiederholung erlangt werden – für die vermittelten Verkaufstechniken sind ca. 225 Wiederholungen nötig. Dies ist weder zeitlich noch finanziell durch Training „off the job" zu erreichen.

Mit „Train to Win" wird das Training effizient – **täglich 5 bis 10 Minuten pro Mitarbeiter** – „on the job" mit der vollständigen Methodenkompetenz auf die Führungskräfte verlagert. Das heißt, mit dem vermittelten Wissen und Können sind die Führungskräfte selbst dazu in der Lage und auch dazu aufgefordert, ihre Mitarbeiter auszubilden und ihr Wollen und Tun zu fördern.

Um einen solchen Prozess gewinnbringend einzuführen, werden zunächst die Führungskräfte in einem Methodentraining auf „Train to Win" vorbereitet. Die Verkaufsberater bereiten wir danach auf die täglich durchzuführenden Verkaufsübungen vor. Die Verkaufsübungen automatisieren sich nach dem Prozess und gehören schließlich zum Tagesablauf wie das regelmäßige Zähneputzen.

Ein Erfolgsprinzip von uns ist es, dass wir jeden am Prozess Beteiligten dementsprechend motivieren, die gelernten Verkaufstechniken tatsächlich auch anzuwenden.

Hierzu geben wir auch Methoden an die Hand, wie eigene Hemmschwellen bei der Kundenansprache, aber auch bei der Anwendung der Verkaufstechniken überwunden werden. Dass dabei alle Verkaufsübungen gelernt werden müssen, versteht sich von selbst.
Ein weiteres Markenzeichen unserer Methodik ist auch, dass alle Verkaufsübungen unter dem Blickwinkel *„Was passiert im Kopf des Kunden?“* reflektiert werden.
Der Effekt des Programms lässt sich schlicht zusammenfassen:
Das trainierte Unternehmen bzw. dessen Mitarbeiter werden nachhaltig positiv von den Kunden wahrgenommen.
Der Vertriebserfolg steigt nachweislich. Das interne Training spart längerfristig Kosten.

Train to Win, eine Methodik aus der Praxis für die Praxis

„Verblüffend an Train to Win ist die Kombination von Einfachheit und Wirksamkeit. Den wirklichen Vorteil erkennt man auf den 2. Blick: Die Inhalte sind nicht neu, in der täglichen Praxis jedoch sind die Methoden effektiv und führen zu messbaren Ergebnissteigerungen; Train to Win ist kein Seminar, das man absolviert und dann sein Verhalten an der einen oder anderen Stelle optimiert. Train to Win entfaltet seinen echten Wert im Verkaufsalltag.“
(Zitat des Teilnehmers Franz Krumm)

Unter Beachtung lernpsychologischer Erkenntnisse knüpft „Train to Win“ an den vorhandenen Trainings- und Wissensstand der Teilnehmer an. Kurz heißt das : Train to Win setzt dort an, wo jeder Einzelne steht und orientiert sich an der Arbeitsrealität.

Durch positive Emotionen und leicht zu verarbeitende Methoden werden optimale Bedingungen für den Transfer des Erlernten in den Arbeitsalltag der Teilnehmer geschaffen. Vorangegangene Trainingsinhalte werden geprüft und in der Regel eher vereinfacht als erweitert.

Das Methodentraining für Filialleiter, Stellvertreter und über-geordnete Führungskräfte im Vertrieb umfasst so folgende Inhalte:

Die Teilnehmer/-innen beherrschen nach Abschluss des Trainings die folgenden Methoden:

- **die innovative Kundenansprache sowie Übungen zum Training der Kundenansprache, die sie selbständig durchführen können;**

- **die Analysephase – mit mindestens 5 Fragen und dem Fragetrichter – unter Nutzung der Fragetechniken und Verkaufshilfen sowie Übungen zum Training der Fragetechniken, die sie selbständig durchführen können;**

- **die Nutzenargumentation und die Einwandbehandlung sowie Übungen zur Nutzenargumentation und zur Einwandbehandlung, die sie selbständig durchführen können; dabei wird die Angebotsphase auf eine Argumentationskette – Merkmal/Vorteil oder Nutzen – verkürzt.**

- **verschiedene Abschlusstechniken und Cross-Selling-Formulierungen sowie Übungen zu Abschlusstechniken und Cross-Selling-Formulierungen, die sie selbständig durchführen können;**

- **den Aufbau, den Ablauf sowie Vor- und Nachteile des „kleinen Rollenspiels in der täglichen Arbeitspraxis", das sie selbständig durchführen können;**

- **die optimale Gestaltung des Zusammenspiels im Coaching mit den übergeordneten Führungskräften und den Trainern, ohne das Vertrauen zwischen den Beteiligten zu gefährden.**

Um die aufgeführten Methoden zu erlernen wird für die Filialleiter und ihre Stellvertreter, die übergeordneten Führungskräfte im Vertrieb und die internen und externen Trainer der Zulieferer ein Intensivtraining durchgeführt. Darin erlernen sie nicht nur die Verkaufstechniken selbst, sondern auch Methoden, mit denen sie diese Techniken an die Verkaufsberater weitervermitteln können.

Ziel ist es, dass die Führungskräfte in ihren Filialen täglich ein 5- bis 15-minütiges Training mit den Verkaufsberatern durchführen, bis diese die notwendigen Verkaufstechniken beherrschen.
Die übergeordneten Führungskräfte unterstützen sowohl die Filialleiter bei ihrem täglichen Training als auch die Verkaufsberater bei der täglichen Anwendung der Techniken.

Die Verkaufsberater werden in einem eintägigen Training auf die täglichen Verkaufsübungen in der Filiale vorbereitet. Sie erlernen (oder wiederholen) die Verkaufstechniken und lernen alle Übungen kennen, die nachfolgend täglich in der Filiale vor der Öffnung, während der Arbeitszeit bzw. nach Schließung durchgeführt werden. Die Verkaufsberater erlernen bzw. wiederholen die Verkaufstechniken, die die Führungskräfte erlernt bzw. wiederholt haben, und erleben die Methoden, mit denen die Führungskräfte zukünftig mit ihnen im Arbeitsalltag trainieren. Sie werden dadurch aufgeschlossen, die Führungskräfte in der täglichen Arbeit auch als Trainer anzuerkennen. Die Vorbereitung der Mitarbeiter kann sowohl in normalen Trainingsgruppen von einer Gruppe bis zu 15 Personen als auch in Großgruppen bis zu 60 Personen erfolgen.

Das Trainerteam coacht den Filialleiter bei seinen täglichen Trainings mit den Verkaufsberatern. Das Zusammenspiel zwischen den Trainern, dem Filialleiter und den übergeordneten Führungskräften wird in den Trainings gemeinsam vereinbart und dabei eindeutig und prüfbar definiert.
Die Trainer nehmen in dieser Phase des Programms nur noch Unterstützungs- und Kontrollfunktionen wahr.

Beim Training in der Filiale – dem Kern der Maßnahme – führt der Filialleiter täglich mehrfach Übungen von 5 bis 10 Minuten Dauer durch, in denen er mit 2 bis 6 Mitarbeitern das notwendige Verkaufsverhalten einübt.

Train to Win coacht nicht an der Realität vorbei

„Train to Win hat mir und meinem Team geholfen, uns in allen bereichen des Verkaufsgespräches und der Kommunikation mit dem Kunden zu verbessern. Die Flexibilität, Kürze und Einfachheit der täglichen Sequenzen machen es sehr einfach, sie in jeden Tag der Verkäufer zu integrieren. Am meisten profitieren alle von der gegenseitigen Kommunikation erfolgreicher Anwendungsbeispiele aus der Praxis. Die Workshops vor Ort bringen immer wieder neue Potenziale ans Licht, die mit weiterentwickelten Methoden ausgeschöpft werden können. Probieren Sie es aus! Sie werden den Erfolg an Ihren Absätzen messen können".

(Teilnehmer Frank Wenzig)

Das Training der Verkaufsberater erfolgt überwiegend direkt am Arbeitsplatz oder zumindest vor Ort in den Filialen entweder als eigenständige Trainingssequenz oder integriert in ein Einzelcoaching.

Die Inhalte des Trainings werden von den jeweiligen Arbeitsinhalten bzw. Arbeitsprozessen, den strategischen Unternehmenszielen und den Bedürfnissen der Mitarbeiter abgeleitet.

Dabei gilt das Prinzip: „Soviel Theorie wie nötig, soviel Praxis wie möglich". Dank einer ständigen Evaluierung (Qualitätsüberpüfung) werden die Maßnahmen laufend optimiert.

Vor Beginn der Maßnahme erfolgt ein gründlicher Store-Check (Beobachtung, Kundenanalysen, Geschäftsabläufe, Interviews, ...). In den Trainings wird ausschließlich mit der aktuellen Produktpalette und den Fokus-Dienstleistungen gearbeitet. Optimalerweise erfolgt in

Anlehnung an die vermittelten Inhalte eine Umstellung der internen Medien (Plakatierung, Verkaufsförderinstrumente).
Die Lieferanten werden ebenfalls geschult und sollen das Verkaufskonzept der Vertriebsgesellschaft kennenlernen, um dieses bei der Vermittlung ihres Produktwissens zu berücksichtigen.
Zur Unterstützung der täglichen Trainings wird ein Lehrvideo gezeigt, das mit „normalen" Beschäftigten in einer Filiale produziert wird. Darin führen der Filialleiter und die Mitarbeiter beispielhaft ihre Trainingssequenzen durch. **Der Verzicht auf „Schauspieler" erhöht dabei die Glaubwürdigkeit.**
Die Trainingsmedien werden in einer „Tool-Box" gesammelt und den Filialleitern zur Verfügung gestellt. Letztendlich wird optimalerweise die gesamte Kommunikation von Produkt- und Verhaltenswissen an das neue Verkaufskonzept angepasst.

Train to Win macht Spass

„Alle Mitarbeiter haben sich auf die Trainingstage gefreut. Gleitzeit und Urlaub wurden verschoben. Keiner mochte die Extraportion Spass im Wirkbetrieb verpassen." (Teilnehmer Andreas Neumann)

Die „Train to Win"-Coaches setzen innovative und kreative Lehrmethoden ein, um die Transferleistung zu erhöhen, also die praktische Umsetzung der Seminarinhalte im Alltag. Dadurch wird ein eindeutiger Vorher-Nachher-Effekt erzielt.

Alle Teilnehmer werden permanent in das Training einbezogen. Die Übungen wechseln dabei häufig, was eine ständige Aktivierung der Teilnehmer sichert.
Inhaltlich stellen die vermittelten Übungen „Minisequenzen" des Verkaufs dar und sind für jede Verkaufsphase anwendbar. Das Training wird individuell auf den Wissensstand der jeweiligen Verkaufsberater angepasst, wobei die Sequenzen des Verkaufsgespräches geübt werden, bei denen der größte Trainingsbedarf besteht (Kundenansprache, Bedarfsermittlung, Merkmal/ Vorteil-Nutzen-Argumentation, Einwandbehandlung, Abschlusssicherheit, Cross-Selling).

Die Teilnehmer erleben ihre eigenen Fortschritte durch die zunehmende Geschwindigkeit der Einzelübungen (bei Gruppenveranstaltungen werden sie durchaus auch im Wettstreit durchgeführt). In der Tool-Box befinden sich alle unterstützenden Medien, darunter auch die Lehr-DVD, die jederzeit von den Filialleitern an allen Arbeitsplätzen angeschaut und vorgeführt werden kann.

Motivation/Emotionalisierung

„Unsere Mitarbeiter sollen zu den Top-Verkäufern im Handel gehören und das tägliche Training unterstützt sie auf dem Weg dorthin. Deswegen sind wir froh, mit „Train to Win" eine Methode entwickelt zu haben, um unsere Mitarbeiter wie Leistungssportler zu trainieren." (Teilnehmer Michael Harre)

Nach Abschluss des Trainings folgt eine Transferphase, in der das Erlernte in die Praxis umgesetzt wird.
Danach werden alle Führungskräfte innerhalb eines Motivations-Workshops zur Fortführung ihrer täglichen Übungen animiert. In diesem Workshop wird eine Verbindung zwischen Verkauf und Sport hergestellt: „Über Hürden zum Erfolg“ und „Kunden zu Fans machen“. (Lesen Sie hierzu auch das Kapitel unseres Kollegen Edgar Itt.)

Die Seminarteilnehmer erhalten vor und nach dem Seminar Hilfen, die die Umsetzung des vermittelten Stoffes und die Anwendung der trainierten Fähigkeiten erleichtern sollen. Dies ist ein komplettes Tool, das auch im Nachgang noch genutzt werden kann:

- Die kompletten Trainings- und Teilnehmerunterlagen: Namensschilder, Vorstellungsblätter, Teilnehmermappe, detaillierte Planungshilfen für die Umsetzung, Dokumentationshilfen zur Sicherung der Nachhaltigkeit;
- ein kundenspezifisches Video, das in „echter Arbeitumgebung“ mit Trainingsteilnehmern produziert wird, das heißt, „Train to Win“-geschulte Mitarbeiter werden bei den Übungen in ihrer Filiale aufgezeichnet;
- eigens entwickelte Formate und Beispiele für die Umsetzung der Trainingsinhalte im Tagesgeschäft: Produktinformation, Leporello, Plakat zur Eigenentwicklung, Leitfaden mit Blanko-Element zur Eigenentwicklung, Klapptafel mit Remindern zur Transfersicherung;

- Zertifizierung der internen und externen Lieferanten zur Nutzung der „Train to Win"- Formate zur Erleichterung der Informationsaufnahme bei den Mitarbeitern;
- signifikante Reduzierung von komplexen Produkt- und Prozessinformationen: Nutzung der „Train to Win"- Systematik für die Erstellung von Vertriebsinformationen;
- Aufbau einer intranetbasierenden „Train to Win"- Bibliothek mit Übungsbeispielen und Sequenzen für alle Mitarbeiter.

„Train to Win" - nachweislich ein Erfolg

„Train to Win" ist ein erfolgsorientiertes Konzept. Daher legen wir größten Wert auf die Nachweisbarkeit des Erfolges. Bereits im Training greifen wir auf Controlling-Instrumente zurück: Alle Trainingsmaßnahmen, Trainingsorte und Trainer (im Methodentraining und Verkaufstraining) werden laufend über Evaluierungsbögen begutachtet. Wir werten die Anwendbarkeit der vermittelten Inhalte zielgruppenspezifisch aus und fragen die Teilnehmer nach ihrer Zufriedenheit.

Bei jedem durchgeführten „Train to Win"- Prozess muss von vorneherein eine klare Erfolgsvorgabe durch den Auftraggeber vorliegen. Nach unseren Ansprüchen müssen mindestens 75 % der Teilnehmer/-innen die Maßnahme auf einer fünfstufigen (Zensuren-)Skala mit 1 oder 2 bewerten, und zwar im Hinblick auf Praxisnähe, Anwendbarkeit und Zufriedenheit.

Quantitative Indikatoren für den Erfolg des „Train to Win“- Projekts sind:

- **Die Steigerung der Kundenansprache (nachvollziehbar über objektive Maßstäbe von regelmäßigen Mystery- Shoppings),**

- **die Steigerung des Vertriebserfolgs anhand der Filial-Kennzahlen (direkte Messbarkeit durch Steigerung der Pro–Kopf- Produktivität) sowie**

- **die Steigerung der subjektiven Zufriedenheit der Kunden durch monatliche Kundenzufriedenheitsmessungen.**

Dadurch, dass „Train to Win“ auf die verschiedensten Lernkanäle zurückgreift, lernen die Teilnehmer zudem nicht nur flexibles Denken und Vorgehen, sondern haben erheblich mehr Freude am Verkauf.
Durch die positive Aufnahme des Erlernten bleiben die Inhalte längerfristig im Gedächtnis.

„Train to Win“ ist durch seinen komplexen Trainingsansatz ein einzigartiges und neuartiges Konzept, das mit der vermittelten Methodenkompetenz jeden Teilnehmer und im Ganzen betrachtet das Unternehmen zu nachweislichem und messbarem Erfolg führt.

Raum für Ihre Notizen

Inspirationen

„Eier müssen erst zerschlagen werden, um ein Omelett zu braten.“

Karsten Brocke

„Hürden sind im Leben nicht unbedingt Hindernisse, sondern Ziele und Chancen für das persönliche Weiterkommen.“

Edgar Itt

„An der Spitze ist immer noch Platz.“

Dr. Frank Keller

„Wenn „Hätte“ kommt, ist
„Habe“ weg.“

Unbekannt

„Training is your fight
Fight is your training.“

Spruch der Kampfflieger

„Heute geht es nicht nur um Tipps und
Empfehlungen, heute geht es um eine
Generalüberholung.“

Karsten Brocke

„Hoffnung ist der Feind des Verkäufers, Zuversicht
ein Laufkunde und Gewissheit sein Freund.“

Fritz-J. Schaarschuh, deutscher Philologe und Aphoristiker

„Mancher Mensch ist entschieden zu unentschlossen."

Siegfried Wache

„Am Anfang trinken alle Menschen Milch. Erst dann entstehen die Vorurteile."

unbekannt

„Der zur Entscheidung Gezwungene
befreit sich von Zwang und Entscheidung."

Else Pannek

„Da, wo der Wille groß ist, können die Schwierigkeiten nicht groß sein."

Niccoló Machiavelli

„Nicht viel, sondern wahr soll man reden."

Demokrit

„Je lauter die Stimme, desto schlechter die Argumente."

Unbekannt

„Reden ist Silber. Quasseln ist Blech. Schweigen ist auch keine Lösung."

Erhard Schümmelfeder

„Über Nacht berühmt wird man nur dann, wenn man über Tag gearbeitet hat."

Howard Carpendale

„Groß sind die Ansprüche der Menschen, klein ihre Pläne."

Luc de Clapiers Vauvenargues

„Ich bin verpflichtet,
meinen Gegnern Argumente zu liefern,
aber nicht Verstand."

Benjamin Disraeli

„Aufgeben heißt, am eigenen Willen gescheitert zu sein."

Benjamin Stramke

„Schwierigkeiten zermalmen den Menschen nicht, sie formen ihn.“

Unbekannt

„Disziplin ist die Fähigkeit, sich zu merken, was man wirklich will.“

Unbekannt

„Man kann sich auch mit Schweigen Gehör verschaffen.“

Manfred Grau

„Der Edle verlangt alles von sich selbst, der Primitive stellt nur Forderungen an andere.“

Konfuzius

„Hallo Verkäufer: immer daran denken, im schlimmsten Fall passiert nichts."

Karsten Brocke

„Toleranz bedeutet nicht nur,
anderen Angenehmes zuzugestehen, sondern
auch, anderen Unangenehmes
nicht zuzumuten."

Dr. phil. Gerald Dunkl

„Nicht wer viele Ideen, sondern wer eine Überzeugung hat, der kann ein großer Mann werden."

Joszef Baron von Eötvös

„Sie haben eine Zugriffsberechtigung auf
Ihre Ressourcen."

Karsten Brocke

„Entweder ich löse das Problem, oder ich ändere
meine Einstellung dazu."

Mario Ohoven

„Wir sind alle selbstbestimmt, aber nur die
Erfolgreichen werden es zugeben."

Unbekannt

„Unter Auswirkung versteht man
die Wirkung einer Wirkung."

Werner Mitsch

„Nur weil einer kräht ist er
noch kein Hahn."

Roger Pfaff

„Wenn Sie Erfolg haben wollen,
bringen Sie sich auf's Radar."

Karsten Brocke

„Mit Absichten kann man
nicht berühmt werden."

Luc de Clapiers Vauvenargues

„Niemand wird als Gewinner geboren,
Gewinner wird man aus Lust aufs Siegen."

Hans D. Schittly

„Schokolade entsteht aus Bohnen und die schmecken ersteinmal bitter.“

Karsten Brocke

„Schwerfällige fallen leicht.“

Dr. phil. Manfred Hinrich

„Wir müssen jeden Tag von neuem anfangen.“

Franz von Assisi

„Unser Bestreben ist es, das Gute durch das Bessere zu ersetzen.“

Unbekannt

„Was immer Du meinst
oder glaubst tun zu können, beginne es.
Handeln enthält Magie, Anmut und Kraft.“

Johann Wolfgang.v. Göthe

„Viele sagen Ihnen gehört die Zukunft.
Mich interessiert wem gehört die Gegenwart.“

Karsten Brocke

„Glaubwürdige Stimme sendet Informationen.
Zugängliche Stimme erfragt Informationen.“

Michael Grinder

Raum für Ihre Notizen

Raum für Ihre Notizen

Raum für Ihre Notizen

Raum für Ihre Notizen

Raum für Ihre Notizen

Raum für Ihre Notizen